奥普拉传

杨帆◎著

时代文艺出版社

图书在版编目（CIP）数据

奥普拉传／杨帆著. 一长春：时代文艺出版社，2016.4（2023.7重印）

ISBN 978-7-5387-5114-7

Ⅰ. ①奥… Ⅱ. ①杨… Ⅲ. ①温弗里，O. -传记Ⅳ. ①K837.125.42

中国版本图书馆CIP数据核字（2016）第001766号

出 品 人　陈　琛
责任编辑　孟宇婷
装帧设计　孙　利
排版制作　隋淑凤

奥普拉传

杨帆 著

出版发行／时代文艺出版社
地址／长春市福祉大路5788号　龙腾国际大厦A座15层　邮编／130118
总编办／0431-81629751　发行部／0431-81629755
官方微博／weibo.com／tlapress　天猫旗舰店／sdwycbsgf.tmall.com
印刷／北京市一鑫印务有限公司
开本／710mm×1000mm　1／16　字数／144千字　印张／12
版次／2016年4月第1版　印次／2023年7月第3次印刷 定价／36.00元

图书如有印装错误　请寄回印厂调换

目录
Contents

奥普拉·温弗里，一位美国人尽皆知的传奇女性。她一度被认为是"美国最便捷、最诚实的精神病医生"。她是美国不可不说的故事。

奥普拉的一生开始于密西西比州的一个偏僻小山村里。她拥有常人无法想象的悲惨童年。她的人生让人心生怜爱，又充满了一声声惊叹。她是悲苦的尘埃里盛开的倔强花朵，留给人们灿烂与芬芳。

对于自己悲惨的童年，奥普拉坚持着"一个人可以非常清贫、困顿、低微，但是不可以没有梦想"的信念，从叛逆堕落的少女蜕变成黑人偶像，从丑小鸭成长为明珠。

奥普拉与生俱来的说话技巧和超强的记忆力，令她在与人交流的时候，更能打动人的心扉、带动他人的情绪。曾经参加过当地的选美比赛的她，凭借着自己的口才和运气，仅仅19岁就被聘为一家电台的正式播音员，就这样接触了媒体。

在结识了她的伯乐——尼斯·施瓦逊后，她的人生就发生了巨大的变化。她主持的节目直登收视率榜首，居高不下。还因此获得了"美国最当红脱口秀主持人"的称号。

尽管刚刚进入公司时很多人戴有色眼镜看她，但是事实证明，她的实力令人惊叹。这也让力排众议的尼斯·施瓦逊兴奋了很久。奥普拉以自己的实力证明给了所有人看，她可以办到的事，并不是任何人都可以做得到的。

就这样，从一个平凡的问题少女成长为一位万人敬仰的偶像。在她的成名历程中，我们可以感到一种振奋人心的力量。没有炒作，没有自我包装，一步一个脚印地走向辉煌。

奥普拉肤色黝黑，笑容却格外灿烂，是一个率真又有魄力的女性，她凭借着自己独特的个人魅力，在8年里连续5次被评选为全美最受欢迎主持人，享誉盛名。

自从1986年以奥普拉的名字命名的脱口秀节目开播以来，她就以自己幽默、机智的风格吸引了无数人，赞扬之声如波涛一浪一浪涌来。美国人都迷恋她那美丽绽开的笑容，还有她那迷人的声音。

美国的《名利场》杂志评价她："在大众文化中，她的影响力可能除了教皇以外，比任何大学教授、政治家或者宗教领袖都大。"

她在电视读书会节目推荐过的新书马上会变成畅销书，美国伊利诺伊大学还专门开了一门关于奥普拉的课程，研究以她为标志的"美国文化现象",其声望和影响力可见一斑。

奥普拉,在历尽人生苦难后涅槃腾飞,成为著名的节目主持人、娱乐界的大腕、商场的女强人,2005年的《福布斯》"百位名人"排行榜第一名。把麦当娜、安吉丽娜·朱莉等等名人都甩在了后面。万般苦难,经历过后方可知,一切苦难皆是福。

奥普拉超过14亿美元的身家在美国黑人亿万富翁中也名列前茅。可贵的是,作为"富婆"的奥普拉也不忘回报社会,她设立了慈善机构,向贫困妇女和儿童伸出了援助之手。

她获得了许多头衔和称赞,而无论多少荣誉在身,她始终都是那个率性的奥普拉,行走在美国风雨历史中的传奇女子。

"奥普拉现象",是她成功的描述。是什么原因能让一个黑人女性得到广泛的肯定与支持?是她的坚持、运气还是其他原因?也许只有读过她的人生传记才能得到满意的答案。

第一章 蜚声国际：举世瞩目的奥普拉

1. 美国人的心灵女王

在遥远的大洋彼岸，有着这样一段传奇，它是关于一位黑人女性的故事，从最初的悲伤到后来的璀璨，她用无悔的坚持向人们展示着梦想的重量，完成了生命中华丽的蜕变，成了举世瞩目的传奇。

对于许多人来说，已经不需要听见姓氏，只需"奥普拉"3个字就足够让人联想到这位随时都带着微笑的女性。奥普拉的身上有着独特的吸引力，且超越了种族、年龄和距离。所以在全世界，有100多个国家的观众都在支持着奥普拉。人们喜欢观看她的节目，喜欢看她自信的微笑，喜欢她独特的主持方式……

不论走到哪里，她都会很快地被人认出来。这便是"奥普拉效应"。由此也足以见得她在全世界都有着极大的影响力。甚至，有些政治人物会被建议采用奥普拉的方式去赢得民众的支持。在竞选美国参议院议员时，他们的行为和话语或多或少会有些"奥普拉化"。

时至今日，奥普拉已然成了一个时代的表情，成了触动心灵的代名词。而"奥普拉化"也是能否被人接受的重要指标。

纽约《时代周刊》里曾有一篇文章讲述了一个超自然的访谈节目，被冠以"奥普拉化"。可是，观众们抱着期待的心情观看过后，却发现"奥普拉化"与这个节目是没有关系的。这篇文章以奥普拉为噱头迷惑读者虽然让人愤怒，却足以见得奥普拉是多么受到大家的欢迎和喜爱。

这样的事情不只这一件。在某期的《棕榈滩邮报》刊头，也曾刊登了奥普拉的照片，并在一旁写上了"纯粹的生活真理"的话。读者兴致勃勃地奔着奥普拉去了，却发现是出版社利用奥普拉来做宣传。

就这样，奥普拉也就成了很多"有心机"的人的免费代言人。

因为人气超高又受到众多人的喜爱，奥普拉的名字更是常挂在人们嘴边。与美国富翁有关的新闻报道就经常把她的事业和别人的相比较。更有人敬佩奥普拉的理财能力，调侃自己连账单都看不懂。奥普拉的名字出现的地方总是会引起很大的波动，她就是人们心目中完美的"下得了厨房，上得了厅堂"的风云人物。

2001年9月11日，当恐怖袭击的阴影笼罩了全美国时，她在第一时间和当时的第一夫人劳拉·布什一同出现在了大家的面前，与布什夫人一同手挽手哀悼在袭击中遇难的那些无辜生命。在事件发生之后的很长时间里，她都承担了安抚国民的重任。

《MS》杂志也强调了很多追随者对奥普拉的赞誉，对她冠予了"美国人的心理医生"的美誉。这样一位伟大的女性生于美国，对于美国来说是一笔不小的财富。她总是给人以振奋和喜悦，她使更多人体味欢乐，感受生命的力量。她用自己的语言散播着灵魂的光辉，照亮芸芸众生；她用美丽的笑容和富有感染力的语言，温暖了人们的心灵。

2. 最受钦佩的女性

图书市场上，传奇的人物都广受出版商们的青睐，所以导致现在的传记图书琳琅满目，书架上的同一个人，能编出好几个不同版本的故事来。但是，广受欢迎的奥普拉的传记，却不是我们想象的那般琳琅满目，只有20世纪80年代和90年代中期出版的适合成年人看的绝版书和一些很短的适合青少年看的书。

这些书即使每一本的风格都不同，但大致能分成两个大类。一类就是"流水账"，这类传记一般会缺少时间点，使故事看起来缺少了说服力，这是个很严重的问题。当然，可能现在还有人受到这些"流水账"的影响，因此理所当然地认为很多事情是奥普拉本人的观点。

另一类奥普拉的传记常常错误百出，比如在一本百科全书上，编者就错误地将奥普拉的童年生活写成了和祖母生活在一起，事实上奥普拉是和外祖母一起生活的；还有20世纪90年代的一本传记写到奥普拉的母亲和一个男子结婚后生活了一段时间，但奥普拉的母亲事实上并没有结婚；还有说奥普拉身材矮小，但现实中的奥普拉却是个5英尺6英寸的大个子。

街头小报也会有很多这样不实的报道，信息多是来源于一些神秘的"朋友"。

讲述奥普拉的传记总是被发现贴有很多标签："极为出色""不同寻常""真实"等等。这些对人物的极度夸大是一些营销手段，而这些书并未经过奥普拉授权。

奥普拉对此并没有计较，或许她都没有花什么时间去阅读过这些所谓的传记。但是这些杜撰的内容有时候也会在小范围内产生一些副作用，可是事实终究是不会被掩埋的，慢慢地，这些无所谓的负面新闻也就水落石出随即烟消云散了。

奥普拉曾经发表过声明，称她将在几年后不再主持节目。这也让喜欢奥普拉的人们伤心了好一阵。

但是这样的消息却一直在变化，也就看出了奥普拉内心的思绪也在不断变化着。也或者，直到真正停止的那天，观众才能真正地知道她退休的日期。

渐渐地，电视节目对于奥普拉来说不再仅仅是每天播放自己节目的工具，她开始对影视剧演员和制片人等工作产生了兴趣。

当然，好莱坞这位"伯乐"也不会放弃奥普拉这匹千里马。对于退休计划，她除了继续在本领域坚持发展以外，更是向着电影、电视进军。

奥普拉主办的《O》杂志日益受欢迎，这也左右了她对未来的计划。但是不论怎么选择，奥普拉终究不会离开娱乐圈。无论是演员、导演抑或是制片人，她总是勇于尝试，并且也取得了不菲的成绩。奥普拉的成就不仅仅体现在媒体面前，还有慈善事业、教育和社会领域等等，也因此赢得了很多的奖项。

奥普拉的成就举世瞩目，而回顾她一路奋斗历程，却充满了坎坷与艰辛，又格外地激励人心。

关于奥普拉的一切，要从她的家乡说起，密西西比州是奥普拉的家乡，这里曾经是美国历史上最穷的一个州。这里是20世纪民权运动的中心，但这里相比其他州来说种族政治斗争更为激烈。直到今天，当地的人们对种族的关系和法律上的一些变化仍旧有着某种抵触情绪。

密西西比这座城市并没有什么值得大写特写的地方，但却是3个伟大的作家出生的地方——威廉·福克纳、尤多拉·韦尔蒂和理查德·赖特。除了赖特去北方追求自己的别样生活，福克纳和韦尔蒂都是在这里度过了自己的大半生。

奥普拉的好朋友玛雅·安杰洛、佐拉·尼尔·赫斯顿创作的《他们的眼睛在看着上帝》得到了她的大力推荐，还有哈普·李的《杀死一只知更鸟》等等，这些都是奥普拉所喜欢的作品。

每当提起这些书，奥普拉都会满怀欣喜和感激地讲到这些作品对自己的影响，然后推荐给大家。其中涵盖了北方和南方的著名作家和当代诗人、小说家、剧作家的作品。在奥普拉心中，只要能够打动她的作品都是好作品。

这些作品里也蕴藏了很多有趣的事情，奥普拉很喜欢和朋友们谈论这些书籍、诗歌，这些已经成为文化遗产的文字。美国南方并不是"一无是处"，爵士、乡村音乐都发源于此，这也是美国南方闻名于世的原因。

南方不仅盛行爵士和乡村音乐，更是福音音乐的发源地。而福音也为乡村音乐和爵士音乐提供了发展的基础。广为人知的乡村民谣也是来自福音音乐。这就是所谓的"民族的就是世界的"吧。

福音这种音乐形式常常和田纳西州的纳什维尔联系在一起。只要提起纳什维尔，人们就会想到很多独特的音乐、乐器或者是演奏名家。

有许多想要在音乐方面有所造诣的人们也都被吸引了过来，这些音乐文化是纳什维尔值得骄傲的地方。

福音音乐是南方最普遍的音乐，可是就因为太普遍了，与之相关的音乐人出名的少之又少。就像是食物一样，福音音乐是南方文化不可或缺的一部分，小镇子里长大的孩子们每周都会在礼拜上学习福音音乐。

这是已经渗透到生活每个细节中的文化，妇人们做着家务的时候、男人劳作的时候、孩子放学回家的路上都在哼着福音的音调，福音音乐充实着他们的生活。即便是离开了这里，也会一如既往。

奥普拉就是在这样的环境中成长起来的。

3. 密西西比州的美丽音符

美妙的音乐，时常萦绕在耳边，仿佛生活都变得格外赋有诗意。奥普拉和猫王一样，生于此长于此，音乐像一粒种子，深深地扎根在她心底，所以在离开多年后，她还是对这种音乐情有独钟。

在奥普拉心中，这些音乐不仅陪伴了她的成长，更可以治愈人们心底的伤痕，所以，很多时候她会把信仰和福音音乐联系在一起。

在美国，音乐和文学史上的巨人会时常地出现在邮票上，但是如果你细心观察会发现，其中很少有南方知名人物。即使有南方出生的，却也被当作是北方人看待。

奥普拉所在的密西西比州是一个与演艺事业无关的地方。纽约、好莱坞、拉斯维加斯……这些才是要在演艺事业上有所成就的人要去努力的地方。不过密西西比也有值得一提的故事。密西西比州的小镇科西阿斯科，是以波兰将军撒迪厄斯·科西阿斯科的名字命名的。以"两个世界的英雄"而闻名的科西阿斯科，曾在美国独立战争中为殖民地和祖国波兰而战斗。人们敬佩他的勇气和才智，在大陆会议上任命他为上校工程师。一位英雄，却被人们渐渐淡忘了，只有这个不起眼的小镇一直在用名字铭记这位在奴隶解放事业中做出巨大贡献的英雄。

相距70英里的科西阿斯科和首府杰克逊在人们看来距离是如此近。但是两者却没有什么共通之处。共和国初期，科西阿斯科是到达纳什维尔的边疆路线的重要关卡。

当然，也可以走陆路，那就要经过纳奇兹到纳什维尔的路了，人们称其为"纳奇兹小道"。科西阿斯科每年都要在4月举行"纳奇兹小道节"来庆祝这段历史。但科西阿斯科却没有因此而繁荣昌盛起来。这对于密西西比州来说，的确有些遗憾。

尽管和很多伟人的名字联系起来，但是在奥普拉出生时的密西西比仍然很贫穷。小镇满是河流，曲折纵横，天气大多炎热、潮湿，居民很大一部分是非洲裔美国人。这里只有几家小型工业作坊，工作机会很少，年轻的黑人们仍旧遭受着种族歧视的不平等待遇。所以，大多的年轻人都离开了这里，如此循环往复，这个本来就发展得不是很好的城市变得更加"举目无亲"。所以，密西西比州的经济仍处于最底层。

给我们很多幻想的密西西比州，大多可能是福克纳或韦尔蒂所描述的：南方的小镇村民和新奥尔良那些富裕的路易斯安那法国人特区里，随处可见的精致阳台、小型蒸汽浴室……

还有在新奥尔良的路易斯·阿姆斯特朗演唱和演奏小号的场地；在这个小镇子里，有很多用木材建造的小型教堂，许多福音音乐歌唱家都在这里开始了自己的梦想。

从南方人的话音、思维、作品中经常会出现他们的很多想法和融入血液的文化，这是人们模仿不来的。所谓的一方水土养一方人，就是这个道理。

如果不仔细听乡音的细节，品味奥普拉的书籍，很难把奥普拉和那样的一个小镇联系起来。有心理学家曾经得出一个结论：一个人的人生前5年决定了他的一生，更何况是奥普拉差不多童年和少年的20多年时光都在密西西比和田纳西这两个南方城市长大。

尽管生活不太如意，尽管从很多细节上来看奥普拉都不像是南方人。

奥普拉的中学和大学都是在田纳西州念完的，而后又来到一个名叫巴尔的摩的南方城市工作学习和生活。可能是工作生活的原因，她原始的性格早就被"同化"了。

成长中的奥普拉不愿回忆童年，直到她对此释怀后，才更能接受了最初的一切，比如福音音乐。不过她却没有表示对任何一个她居住过的南方城市有一丝的留恋，偶尔回家看看，也没有逗留很久。

童年的悲惨回忆，总是令人想要逃离，所以很多南方的艺术家都离开了家，去到别的城市寻找自己的生活。可是，再怎么逃离都脱离不了根脉，即使不在那里居住，却有着种种的联系。

韦尔蒂在纽约生活了一段时间后，便又回到了家乡；声称自己是纽约人的小说家杜鲁门·卡波特想要留在那里。最终却回到门罗维尔和新奥尔良。她的作品有浓浓的南方味道，创作上也有着童年悲惨生活的影响。

奥普拉比她们在南方待的时间都要久，却始终对这里没有太多感情，并且她也说过很多次，在自己30岁那年前往芝加哥时，她才找到了自己真正的家。

印记是无法抹掉的，当我们与她接触多了，也就是看她的节目、品她的书、涉猎她推荐的一些作品后，就会发现，她其实是一位很有南方特质的人。

不仅仅是福音音乐和那些文学作品，还有奥普拉对于南方小吃的偏好和对南方味道极浓郁的小说的喜爱，这些都是耳濡目染的结果。

4. 难得的欢乐时光

奥普拉性格十分开朗，是个喜欢热闹、总是活力四射的人。她总是会用夸张的语言表达自己内心的感受。而她独特的魅力，也使得她赢得了人们的喜爱和尊重，甚至让许多有种族歧视观念的人，也喜欢上了她。

最初听说聘请了一位非洲裔美国女子来主持早间节目，就有许多人开始为她担心，因为这里是种族歧视相当严重的芝加哥。

1983年12月底，奥普拉从巴尔的摩造访芝加哥。那时，正被一股寒流侵袭着的芝加哥，温度达到了零下23摄氏度。她的到来是为了一档日间访谈节目。在1984年1月2日，WLS电视台还为这位体重有233磅的女主持人安排了一次游行。

身穿皮草大衣、头顶爆炸式发型、戴着标志性的"妈妈大耳环"的奥普拉在芝加哥的大街上边挥手边喊道："嗨，我是奥普拉·温弗里，《芝加哥早报》的新主持人……"

慢慢地，声势浩大的游行吸引了路人的眼光，大家纷纷抬眼望向这个黑人小姐，那样的热情又开朗，像是阳光融化了芝加哥寒冷的空气。

这就是奥普拉来到这个城市给人们看见的第一面，也是最难忘、最美好的一面。

奥普拉的到来使芝加哥沸腾了好一阵。大家都在为这位了不起的人物喝彩。奥普拉的早间访谈节目开播的第一周，收视率就爆棚，把著名的《多纳休》逼得无路可退，只好去了纽约。

那时，奥普拉的节目《奥普拉·温弗里》也即将在全国范围内播放，而节目还没有播出，就已经签出了100多份版权合同，因此，奥普拉也收获了100万美元的签约金。

《今夜秀》有她的精彩捧场，赢得了两项本地艾美奖。同时她还在准备出演电影处女秀《紫色》，她在这部电影中出演索菲亚。这次出演也为她赢得了出演《灰姑娘》的机会，而且还收获了金球奖和奥斯卡最佳女配角奖的提名。这样一个开端，为奥普拉的电影事业奠定了良好的基础。

1985年的整个暑假，奥普拉都在拍摄电影中度过，那是她人生中最快乐的一段时光，也可以说是她的事业巅峰期，因为她那时候做的事情就是她最想做的事情。她浑身洋溢着自信，更是期待自己出现在电影海报中的样子。

可是斯皮尔伯格却没有同意将她的名字搬上剧院的大屏幕，也没有想把她的面孔设计在海报上，因为他对于奥普拉的受欢迎度存在顾虑。

奥普拉一直对这件事情耿耿于怀，直到13年后，她还说起这件事情。当然，她也用自己的实际行动证明了斯皮尔伯格的判断错误。奥普拉红遍了全国，甚至红遍了全世界。

奥普拉一直认为，她是继承了外祖母哈蒂·梅·李和父亲弗农·温弗瑞的优点才得以走向成功。

提及她的父亲，便会让人不由自主地联想到她的童年。奥普拉的童年里，并没有一个孩子该有的欢声笑语，而是充斥着悲伤的回忆。

对于作家来说，苦难的记忆会使他们更加深思人生，可是对于一个想要忘记苦难，奔向美好生活的女性来说，这简直就是噩梦。

奥普拉生下来的时候，便被贴上了"私生女"的标签，她出生的那年，母亲弗尼塔·李只有18岁。母亲说是一位名叫弗农·温弗瑞的年轻人让她怀了孕，而当时他们并没有结婚。男女关系很随意的母亲有时甚至还会改口说不知道是谁该来负这个责任。

弗农·温弗瑞曾经接受过一个小报的采访，声称他不可能是奥普拉的父亲，因为那时的他正在服役。但是军人也是有假期的，所以很多小报说他那时正在休假。

后来，奥普拉的母亲也改口称弗农是奥普拉的父亲。那时的他只有20岁，由于弗尼塔的粗心才在孩子出生后想到告诉他她怀孕的事情，并且在报上刊登启事，要求他寄一些婴儿衣服。

奥普拉的人生中充满了偶然，不论是出生还是名字。"奥帕"（Orpah）是源于《圣经·路得记》。虽然在出生证明上出现了，但是没有人知道如何去念这个名字。

人们索性就将字母"p"放在了"r"的前面。尽管官方文件写的都是Orpah，可是，却没有多少人会用，于是就成了现在的Oprah，也就是奥普拉。

奥普拉出生没多久，弗尼塔就把奥普拉交给了自己的母亲哈蒂·梅来抚养。

在农场的生活是很艰辛的，家里没有洗衣机，外祖母就在后门廊用铁锅煮衣服，而水则必须要去一个井里提。

这里的设施只能用简陋来形容甚至远远不够，这点也体现在排水设施上。家中并没有洗手间，只有一户简易的露天厕所。小小的奥普拉每天的工作很大一部分就是倒粪桶。奥普拉非常懂事，从她能干活开始，就每天过着喂养鸡、猪、狗这些动物的生活。

奥普拉并没有自己的卧室，每天都是和外祖母睡在一条羽毛褥子上。外祖母的怀抱是温暖的，但是，有时候她会在熟睡中被惊醒，因为外祖父从外面回来冲进屋子会对奥普拉和她外祖母进行打骂。

奥普拉回忆说，在她4岁那年，一天夜里，外祖父从外面冲进来，粗鲁地打骂叫喊。外祖母见实在控制不住丈夫，就跑出去寻求邻居的帮助。虽然邻居又老又瞎，可是也被奥普拉视为救星一样。白天的外祖父也不会给奥普拉好脸色，总是会用拐杖打她或者向她扔东西。

不仅如此，奥普拉的外祖母信奉着"棍棒底下出孝子"的原则。对奥普拉的无心之失也会大加惩罚。小奥普拉常常受着皮鞭的折磨，却也让她比其他的孩子早些成熟。

外祖母有着非常虔诚的宗教信仰。大部分时间她都会在农场附近的信仰联合密西西比州浸礼会教堂上祈祷。当然，除了去教堂，外祖母还喜欢阅读，所以，奥普拉从小耳濡目染，也很喜欢这些东西。

在蹒跚学步的时候，奥普拉就能记得《圣经》里的很多章节，这也是奥普拉在当地小有名气的原因。

家教很严的奥普拉没有什么机会能表达自己的想法，但是因为小小年纪就能背诵《圣经》里的段落，教堂里的人们就让她在复活节那天朗诵《圣经》中与复活节有关的章节。

奥普拉在后来接受采访时还对那段时光记忆犹新。甚至到现在她还记得其中的一些语句："耶稣在复活节那天复活了，所有天使都在欢呼：哈利路亚！哈利路亚！"

这都是奥普拉童年最真实的写照，平静与疼痛相伴，不幸与幸运交织。

第二章 艰辛之路：童年的贫苦岁月

1. 童年的贫苦与伤痕

　　教堂里的女士们都很欣赏这个才学会走路的小女孩的精彩朗诵，总说她是个极有天赋的孩子。那是奥普拉第一次感受到关注。

　　奥普拉在科西阿斯科浸礼会教堂的演讲是在她三岁半那年，在短短的几年后，她又可以背诵出从"创世纪"到"审判"的圣雅各的全部7次布道。赢得了不少称赞。

　　虽然在她成名后，有很多人都认为奥普拉的成功是在广播行业打下的基础，可是这样看来，奥普拉的童年生活也在为自己的事业做着铺垫。

　　当然，所有事情都是有双面性的，虽然小小年纪就记得《圣经》里的很多章节，所以常常被邀请去朗诵，被家长们当作示范来讲,但是却被嫉妒她的小朋友说成是"传教士""耶稣小姐"。种种恶言相向让年幼的奥普拉受了很多委屈。

　　她和母亲在密尔沃基居住时，因为宗教热情，人们都叫她"小演说家"。7岁的她甚至还会一边做着动作，一边朗诵一些具有启示性的诗歌。譬如威廉·亨利的诗集《不可征服》，但是，当时年幼的奥普拉并不知道其中的含义。

　　在农场的那段时间里，奥普拉没有朋友，与她在同一个小镇里的表妹艾丽斯·库珀也曾说过在农场里的小朋友那种孤独的感觉。因为农场之间的距离很远，亲戚们就算是想往来也受到各种各样的限制。

奥普拉非常羡慕白人家的孩子，他们有自己的卧室，家里有电视和洗衣机，身上穿着从商场里买来的漂亮衣服，也常常和家人一起去看电影。更加不会因为犯一些小错误就遭到一顿皮鞭，就算是犯了错误要惩罚，也只是"打屁股"而已。

奥普拉外祖母家的"洗衣机"不仅可以用来洗衣服，还可以充当澡盆，给小奥普拉洗澡。然而，每周只能在星期六这一天洗一次澡，因为要做礼拜。

她的衣服都是家里做的，平时不可以穿鞋的小奥普拉也只能在星期日的时候才穿一次鞋。而食物并没有太多可供选择，农场里有什么就吃什么。外祖母平时卖些鸡蛋赚些零用钱。其实不只奥普拉，很多黑人都是这样过着贫穷的生活。到外祖母家里做客的人们都希望小孩子要安静些，懂礼貌。所以，奥普拉那时唯一可以对其说话的朋友就是她平时喂养的小猪。她会和它们讲自己看到的事情，读到的故事。

即使大人们夸奖小奥普拉口齿伶俐，但却不喜欢她在自己生活的视线范围内讲太多话，这也是那时的奥普拉为什么希望和母亲住在一起的原因。

终于，奥普拉期待的生活以她期待的方式实现了，但是，并没有给她带来真正的快乐，直到很久之后，她才懂得自己和外祖母生活在一起的那6年是多么的幸运。

那隐藏在恐惧之下的爱，是外祖母在用属于自己的方式对她进行塑造。在教给她如何做一个坚强、虔诚的上帝的信徒。这种性格也深深地烙印在奥普拉的生命中。

2001年的"9·11"事件后，她在电视节目中为那些罹难的人们祈祷，这样的祈祷在全国人民都陷于恐惧的形势下起到了很大的精神慰藉作用。

她把外祖母对她用心培养的虔诚带给了更加需要的人。她在自己的世界培养了自我意识，并且用它来帮助了越来越多的人。随着她的事业越来越被人肯定，她就越感到一种深深的责任感，这些无不与外祖母对她童年的教育相关。

奥普拉非常希望可以在外祖母老了以后照顾她的起居生活，她希望自己也成为和外祖母一样虔诚的人。

相比之下，奥普拉觉得，母亲弗尼塔丝毫没有继承外祖母的那些优点，反而是在1996年去世的继母泽尔玛对她的严加管教，让她觉得继母比母亲更像外祖母。

时光在静静流淌，奥普拉跟随着外祖母一直生活在密西西比州德尔塔地区的一个小农场里。生活相对平静。而6岁那年，奥普拉被母亲接去威斯康星州的密尔沃基一起生活。但是对此事，一些人存在着不同观点。

有人说是奥普拉的母亲主动把她接走的；也有人说她的外祖母经济上实在有些吃力，就把她交给了女儿抚养；还有人说外祖母哈蒂·梅病了，不能再细心地照顾她了。不管真实情况是怎么样的，奥普拉还是外祖母最疼爱的外孙女，她们在一起的那6年时光，平淡而简单，让她回味一生。

弗尼塔把奥普拉接到家里时，奥普拉彻底地被震惊了，这里和她曾经期待的完全不同。因为这里根本就容不下再居住一个人，6岁的她也只好在门廊里过夜，她的母亲是一个既要申请福利救济，又为别人家做着清扫雇佣工作的穷人。

在这里，奥普拉成了一个外来者，是一个不被需要的人。这让她开始感到人生的悲凉。

当奥普拉还和外祖母生活在一起的时候，她的母亲弗尼塔就生下了第二个孩子。在奥普拉9岁的时候，母亲又生下了第三个孩子。骨子里的自卑感让奥普拉认为自己是家里地位最低的，所以就连妹妹都会欺负自己，而她并不敢反抗。

奥普拉的妹妹在外人眼里比她要漂亮很多，因为妹妹的肤色要比自己白一些。这也更加深了她的自卑感。和很多非洲裔美国人一样，从很小的时候，奥普拉就对肤色这一敏感的话题十分抗拒。不仅仅是肤色，还包括了很多在肤色里渗透出的生活所具有的不同意义，这些都深深地困扰过她。

她嫉妒白人小孩子的安逸生活和美丽。不仅是五官或者是头发，还有其他的一切，她都会深深地羡慕嫉妒。当然，奥普拉也只是愤愤不平的想想罢了。

墨西哥裔美国作家及电视评论员理查德·罗德里格斯曾经在他的文章中写过这样一句话："想要变成白人，即想变成没有颜色的人。"

长大后的奥普拉不再只把敏感度局限于白人，因为在黑人与黑人之间肤色的不同，待遇也是有着很大的区别。

奥普拉曾经说过，自己不想在一个全部都是黑人的学校里上学，但她还是在黑人学校里完成自己的学业。她从来没有去参加任何黑人维权的活动，尤其是20世纪70年代那个精神泛滥的时代。

当然，最令奥普拉伤心的不是肤色在政治上的歧视，而是稍微白一些的黑人都会得到很多人的喜欢，这也是我们所能看出的美国种族文化史上显而易见的问题。

在奴隶时代，稍微白一些的黑人就会比其他黑人生活得更加舒适些。奥普拉这位肤色黝黑、离开密西西比州后就一直在受到种族歧视的非洲裔美国人，不得不说，在很多场合，她都受到了同样是黑人的不同待遇，而这些状况却都不是她所能改变的。

上了大学后，这种种族间的相互歧视更是令奥普拉感到愤懑。她也说过，小时候在科西阿斯科，从不会遇到这种情况，当然，是要在20世纪60年代种族隔离主义者反对通过新法案以前。

当奥普拉在密尔沃基和纳什维尔居住时，她遇到了前所未有的肤色上的问题。直到大学毕业已久，仍让她心有余悸。

她常会说自己的肤色是"巧克力奶糖"，而相对"高贵"的黑人，也就是说有着白人的某些特征的黑人被称为"姜饼"。有些人也会译为"香草糖霜"，也就是说那些有白人特权的黑人。

奥普拉在过去的差不多20年里，对黑人的历史问题有着很大的兴趣和研究的欲望。所以，她研读了很多的书籍、电影，还有很多美术品、艺术作品。

她喜欢的书大多是关于奴隶制度的种种、种族隔离的公开和隐蔽、对待黑人的暴力问题，像是强奸、死刑或者是谋杀、不公平的法鲁河公众系统，当然，还有很多的歧视问题。身为黑人的她很希望通过自己的努力能够做些什么。

2. 坎坷的光影人生

奥普拉的爱好很广泛，她喜欢读书，喜欢电影，不仅仅局限于黑人作家，还有佐拉·尼尔·赫斯顿、艾丽斯·沃克、托尼·莫里森等人的作品她都非常喜欢。

不仅仅是因为她们都是女性而会有共鸣，还因为她们正视了很多问题，这样会有很多的白人读者也会多多地注意这些严重的种族歧视问题。当然，好的作品更是被拍成了电影，被大家推广。

奥普拉曾经在一部关于非洲裔美国人的电影《紫色姐妹花》中扮演过一个角色，即使在当时这部影片不是很被看好，可是还是有着不错的票房成绩。这部影片也使得奥普拉这个名字被广为熟知。

除了带来名利之外，它也把奥普拉在阅读和表演方面的爱好联系在了一起。在当时，因为她还是个电影新人，她没有过多的发言权。可是，在她后来赢得了更多的喜爱和荣誉之后，她对电影的制作和表演就有了更多的发言权和选择权。

托尼·莫里森的《宠儿》是一本让奥普拉读过后很久仍旧萦绕在心头的书。奥普拉对这本书喜爱至深，所以反复读了好几遍，她甚至想要把它拍成电影，把自己的感受融入里面，与更多的人分享自己的心情。

这本书主要讲了祖先和奴隶制的人性，写到了很多在真实生活中出现的真实的人物，一些光怪陆离的社会下的扭曲的人性。奥普拉在这部影片里扮演了一个主要的角色，为了能准确地传达18世纪奴隶社会的人的感受。在开拍前，她穿着农场工人的衣服，戴着眼罩，走在乡间的蜿蜒小路上，一直走到一座种植园。为了找到试图逃跑的那种感觉，她在树林里徒步奔跑着，找寻那种刺激紧张的热情。

这部电影的摄制足足花了10年的时间，终于在1998年公映。可是，这部凝结了奥普拉心血的电影却并没有太多观众买账。

即使做了大量的宣传，即使找来名导演乔纳森·德姆，即使投入了大量的资金。可是2250万美元的票房，还不及投入的三分之一。金钱上的损失不是奥普拉烦恼的，最使奥普拉心中痛苦的，还是她的心血。

这是她感情的一个巨大投资，这里面融入了她巨大的感情寄托。就像没有人在乎一直在付出的朋友，终于她伤心了。

黑人朋友对这部影片大多的评价是影片时间太长、情节错综复杂看不太懂。虽然业内人士对这部影片赋予了极高的评价，甚至认为奥普拉具备了"奥斯卡"的水平，但还是挽救不了惨淡的票房。

《紫色姐妹花》拍摄之后，《宠儿》拍摄之前，奥普拉还拍过一些电影。其中一部叫《独子》。根据理查德·赖特的自传改编而成，虽然其自传备受好评，但好运似乎没有延续下去。这部影片遭到了观众和业内人士的一致否定。

来自《华盛顿邮报》的记者丽塔·肯普利对这部电影的评价也是引用了观众的说法"喋喋不休""对人进行道德说教"，是一部"自我崇高感"极强的电影。

可是，不论多少次的失败，不论遭到了多少批判，那也都只是对奥普拉的激励。奥普拉对电影的执着却丝毫没有减退半分。她还是会进行对电影的投资，出演一个又一个的角色。

有成功、有失败，不管怎样，她仍乐在其中。《酿酒坊里的女人》是奥普拉曾想要投资的电影，可是却得知观众对之不甚感兴趣，所以也就被迫停止了准备事宜。有色人种促进会（NAACP）说这部剧集对黑人的刻意描述中带有反抗性质。即便是大多数的妇女没有看出来这部剧中有什么道德上的审判意味。

白人批评家也对这部剧有着很多的非议，甚至有些非洲裔美国专栏作家能感受到该剧的攻击性。这些批评在奥普拉刚刚涉足电影圈的时候就已经司空见惯了。

《华盛顿邮报》的编辑多萝西·吉列姆还认为这部电视连续剧"充斥着陈腔滥调，是对黑人的诋毁"，而且女性形象更是没什么新意，还存在着与极端种族主义者十分相近的思维。

但是，当《待到梦醒时分》于1996年1月在大银幕与大家见面后，吉列姆对之的喜爱程度竟超乎了想象，一连看了两遍还觉得意犹未尽。

可是仁者见仁、智者见智，巴尔的摩《太阳哨兵报》作家格雷戈里·凯恩仍旧觉得这部影片和《酿酒坊里的女人》一样具有攻击性。

奥普拉出演的另一部电影《仔细听：昆西·琼斯的人生》却没有什么争议。这是奥普拉的一位好友拍摄制作的，奥普拉也是第二年才开始制作担任主演的。

《在女人长翅膀之前》是奥普拉的公司哈普电影公司为美国广播电视公司拍摄制作的。是很成功的一部影片，却也被评价为"赚取观众眼泪的工具"。

在影片播出一年后，以"奥普拉·温弗里出品"为名的时长4小时的短片电视连续剧《婚礼》也得以面世。其主演哈利·贝里也因此在2002年获得了奥斯卡奖。

奥普拉似乎已经开始反省自己的失败原因，她还是以"奥普拉·温弗里出品"为名，开始拍摄制作她最受推崇的电视电影《和莫里在一起的星期二》。

这部影片是根据米奇·阿尔博姆的同名小说改编的。这部小说盛行一时，现在由奥普拉以电影电视的形式推出还是赚得观众的不少围观。

当时这部影片拥有观众2250万，这个数量远远超出了奥普拉的想象，它把当时其他的电视节目远远地甩在了身后。

电视评论家《华盛顿邮报》的汤姆·谢尔斯也不得不说奥普拉是"不爱浪费时间，在电影制作或从事的工作上充满活力"。他还调侃奥普拉是"甚至没精打采时也充满着活力"。

奥普拉的《宠儿》在上映后没有得到大家的一致肯定，但是在这时，奥普拉对于奴隶制度的关注使得她对奴隶的生活等都相当的了解。

对于种族内待遇不同的问题，说白了讲就是具有白人特征的黑人遭遇的待遇会大不相同，奥普拉讲过很多次这个问题。

当然，她不是第一个。过去的那些历史和文化里都包含很多这类隐藏的问题。更多地渗透到人们生活中的可能会是文字作品。

比如威廉·福克纳的《押沙龙! 押沙龙! 》，这部作品讲述了种族悲剧，也是最受到推崇的美国小说之一。它将王朝的兴衰灭亡诗意地、惊悚地描述出来，创造了另一种理解民族悲剧的形式。

3. 不愿回首的曾经

年少的世界，充满惶惑，痛苦也格外浓重。直到多年后人生渐行渐远，阅尽了大千世界里的悲欢故事，才理解了最初的困惑。因此，多年后，知晓了这些种族斗争的奥普拉，慢慢地理解了弗尼塔早年的行为。

虽然她是个爱发脾气的、对自己丝毫不会表现出爱的母亲，可是换位思考，那时的弗尼塔收入微薄还要抚养3个孩子，不仅居住在条件极差的小房子里，还要以一个单身母亲的身份让孩子们不饿肚子，让他们穿的和自己一样，……这些都是一位母亲身上很令人敬佩的地方。

但有一点奥普拉不太理解，因为母亲十分注重打扮，就算在靠救济金过日子的时候也要让自己的孩子光鲜亮丽。

虽然奥普拉知道，黑人妇女在20世纪60年代人权运动以前就可以提高自己和家人的生活水平了，可是弗尼塔毕竟是没有接受过教育的女人，不会得到什么令生活可以改善的东西，所以生存这个问题，才是值得她真正考虑的。

后来奥普拉在娱乐界占据了一席之地，母亲才慢慢地得到生活的改善，开始吃好的、穿好的。其实奥普拉并不是弗尼塔最喜欢的孩子，但是她可以给弗尼塔和妹妹还有家人们零用钱。

当然，值得庆幸的是如今她的父亲已经温和了很多。他只想要几条卡车轮胎，而奥普拉赠予了他一辆名贵的奔驰汽车。

奥普拉同母异父的妹妹帕特里夏·劳埃德对于奥普拉给予的一切总是感到不满。她像是个无底洞，为了想要更大的利益，甚至不惜向媒体贡献奥普拉的隐私。

为了这件事情，奥普拉与她僵持了几年都没有联络。许久以后才原谅她。奥普拉对家里的任何一个成员都没有浓厚的爱意，也不想对他们付出些什么。或许仅仅出于责任这两个字，她还是给他们钱花，当然，她的父亲弗农·温弗瑞除外。

她曾经想过要弟弟杰弗里去改变他自己的生活，做些负责任的事情，而不是混吃等死，所以就不再给予他经济上的帮助，可还是通过弗尼塔给他些钱。

当然，并不是所有的人都像奥普拉那样拥有一颗坚强独立的心，身为"米虫"的杰弗里开始指责奥普拉，对她表示不满。

杰弗里因为嫉恨奥普拉的行为，而帮助了她的一个助手比利·里佐。这个女孩子是个身患艾滋病、将不久于人世的可怜人。结果不幸的是，杰弗里也患上了艾滋病，在29岁那年去世，也就是1989年1月。

跟杰弗里命运相似，帕特里夏也因为毒瘾的折磨在2003年2月去世。离世的时候只有43岁。

自从奥普拉名利双收后，开始对家里的人有一种莫名的恼怒。而观其所以，大概是亲戚们根本就是把她当成了摇钱树，而丧失了奋斗的斗志。

奥普拉无数次地向他们灌输要懂得自立和责任的想法，可是没有人真正懂得，或许是索取来得更加容易，便都不想真正懂得。奥普拉一直厌恶自己兄弟姐妹们毫无进取心这点。当然，心细的传记家也发现了。像作家巴巴拉·格里祖蒂·哈里森就说过，奥普拉的确不太提及自己和兄弟姐妹间的事情，即使她几乎是没有隐瞒自己的生活。

母亲弗尼塔的日子似乎并没有因为得到救济就过得很舒心。虽然由之前的寄居到拥有了一个两居室的住房，但是她的三个孩子还是要挤在同一个房间里，就这点来说，外祖母那里就要比母亲这里好很多。

其实弗尼塔一直有一个愿望，就是想找个男子共度一生，可是一个个来了又走。终于，弗尼塔和一个男子已经有了很长时间的同居生活，却还是在生下了一个儿子后没有了在一起生活下去的勇气。

母亲弗尼塔不想自己的孩子像她一样，在男女关系方面这样随意，却没有规范自己的行为。

奥普拉随着生活阅历的增加也接触了更多的黑人妇女，她们贫穷的生活和弗尼塔都十分相似。

也许如果奥普拉一直和母亲在一起的话就会和她一样碌碌无为地生活着。就像她这般聪明的孩子也说不定会有着同样暗淡的人生。

奥普拉在密尔沃基上学的最后一个学期，弗尼塔实在支付不起这一家子的开支后，就把奥普拉送到了纳什维尔她父亲和继母的身边。那年，奥普拉只有8岁。

这里和弗尼塔那里有着很大的差别。奥普拉的父亲是个脚踏实地工作的人，他拥有一家理发店和小卖店，奥普拉也在这里拥有了第一份属于自己的工作。可是奥普拉却不怎么喜欢这份工作。

弗农是个刚正的人，后来还成了市参议院的议员。不管是从哪个方面，弗农都会提供更好的条件给奥普拉。

弗农在中产阶级黑人社区有一栋自己的房子，而弗尼塔却只有一个小而逼仄的阴暗房子；弗农的妻子泽尔玛一直没有孩子，所以她就把奥普拉当作是自己的孩子抚养。

弗农是个虔诚的教徒，在教堂里担任执事，在"联合信仰"教堂里也很活跃。奥普拉总觉得父亲有时候像外祖母，会要求奥普拉参加宗教仪式，会一切以孩子的学习为中心，会命令奥普拉阅读大量的书，写东西、数学、词汇。虽然被戏称"严格的误导者"的泽尔玛总是很严厉，但却是奥普拉心中想要感谢的人。

弗农和泽尔玛将奥普拉送到了纳什维尔的东沃顿小学上学，那里的一位四年级老师邓肯夫人非常喜欢奥普拉，将她当成自己的孩子一样教育。平时的关爱也让奥普拉渐渐地体会到了成长的快乐，直到现在奥普拉还提及这位慈祥可爱的邓肯夫人，是她给了她除了亲人以外的关心和照顾。

奥普拉对老师的偏好可能就是从这位慈祥的老师开始的，一度想成为教师的奥普拉想以邓肯夫人为榜样，来教育自己的学生快乐健康地成长。

到了中年以后，奥普拉也终于实现了这个长期的愿望，和自己的男友斯特德曼·格雷厄姆一起，在西北大学J. L. 凯洛格管理学校教授一门为期10周的"领导动力学"。这门课是对二年级学生开放的，可以招纳200位同学，是一门有学分的正式的课程。

虽然课程结束后有些失落，因为再也见不到学生了，但奥普拉还是在努力地做着她喜欢的事情。直到2001年，伊利诺斯大学乌尔班纳－香巴尼学院竟以奥普拉的名义开设了一门本科课程，名字叫"商业巨头奥普拉"。

奥普拉一直坚信，老师可以给孩子带来很深的影响，是可以对孩子的身心健康起到很大的引导作用。

尽管邓肯夫人处处照顾奥普拉，但是班上的同学却不喜欢她，或许拥有了老师的偏爱，所以班上的很多同学对她有一种敌意。像是外祖母家周围的孩子一样，他们觉得奥普拉精神可能会不正常。

不管小朋友们怎么敌视自己，奥普拉仍旧在宗教信仰十分深入的弗农家里初步找到了自己未来的方向。那就是做一名传教士，可能还会为哥斯达黎加的穷人们传递自己的热情，为他们筹集资金。

虽然后来奥普拉没有当成传教士，可是她心中的那份热情却没有减退。她仍旧在为需要帮助的人做些力所能及的事情。

4. 伤害总是不期而至

　　美好的生活并没有在奥普拉的童年停留太久，在奥普拉9岁的时候，平静的生活忽然变了味道。

　　1963年，弗尼塔想要结婚，过上普通人的家庭生活，所以要接奥普拉回到威斯康星州。弗农极力反对，但是经过一番周折，奥普拉还是回到了那个逼仄暗淡无光的环境中。可这仅仅是一个开始，更糟糕的事情接着发生了。第一次到叔父家，那个被称为自己表哥的人就在一个屋子里强奸了奥普拉。

　　当时的奥普拉只有9岁，她不了解那是什么遭遇，但她却能清晰地感觉到痛苦，表哥在事情过后给了她一支冰激凌，带她去了动物园，而她幼小的心灵就从那个时候开始受到了巨大伤害。

　　接下来的5年里，她更是受到了无休无尽的伤害。有很多的男人都要求与她做些肮脏的事情，其中有亲戚，也有母亲的男朋友，年幼的她有时甚至会以为是自己犯了错才会受到惩罚，而这个秘密掩藏了12年。

　　小时的奥普拉为发生在自己身上的事情深深地感到自责，她一直觉得自己是个坏女孩儿，并因为这件事情开始变得沉默寡言，不再那么开朗快乐了。

　　直到后来在做节目时，她听说一个女性有着与自己同样的经历，一个名叫特鲁迪·蔡斯的女性在奥普拉受虐待被公布的那期节目上也讲述了自己幼年时受到的性虐待的事情。她才意识到这是诱奸女童的行为，才知道小时候自己的想法是错误的。这是那些无耻的人犯下的错，并不是自己的过失，可是后知后觉，已然于事无补。

奥普拉从心里觉得有种痛苦蔓延在每一个细胞里。这是两个拥有同样命运的女性在共同承受苦难。当然，现在奥普拉也想用自己的地位为孩子们做些事情，所以就有了以后的"奥普拉法案"。

其实，并不是因为迟钝，才在这么多年后发现自己是被伤害的人，主要是缺乏勇气，身边没有人能为奥普拉分担这些痛苦，也没有人爱着奥普拉。

可悲的是，奥普拉隐藏了这么多年的痛苦并没有得到母亲的理解，甚至她一直觉得母亲知道这件事情但是却没有保护她。当24岁的奥普拉想要和母亲说这件事情时，弗尼塔却坚决地拒谈，这让奥普拉很伤心，所以就再也没有和弗尼塔及家人提过这件事情。

就这样，一个缺乏关爱的女孩一边舔舐着自己的伤口，一边成长着。而兄弟姐妹和家人也没有分出一丝的关爱给奥普拉。

直到青年时期，奥普拉才渐渐地摆脱了童年的痛苦，展露了她生命中坚强乐观的一面。

39岁时，奥普拉决定用自己的知名度和地位呼吁。要对虐待儿童这一罪行实行打击。

1992年，她制作了纪录片《恐怖的沉默》，便是向观众讲述了自己小时候受到的痛苦和被虐待的悲惨经历，为了这部片子她揭开了自己已经结痂的伤疤。

她忍着疼痛揭开自己的伤疤，并不是想要倾吐自己的痛苦和不幸，而是希望能够呼吁更多的人站出来反抗这种对儿童的虐待，希望能够杜绝这类事情再发生。

为了让虐待儿童的社会问题得到更多人的关注，她参加了《今日秀》《今日早晨》和《早上好，美国》等等电视节目，向观众讲述了自己和朋友们的悲惨童年。

　　她怜惜那些本应该快乐地度过童年的孩子，却因为各种伤害变得自闭，变得伤痕累累。她希望通过自己的努力能够让更多的孩子拥有一个美好的童年和生存环境。

　　奥普拉这几期节目最吸引人眼球的是表演形式。这是将虚拟和纪实联系在一起的电视影片，是一部部"真实生活剧"。

　　奥普拉在其中扮演的是一位普通的黑人妇女。虽然本片主要讲述的还是黑人，但奥普拉对片子的定位依然是"生活中的普通妇女"。还是和其他采访和访谈节目一样，不强调种族和肤色，不强调阶级和阶层。

　　片子中的奥普拉饰演一位非洲裔美国母亲。在故事中，她承受着许多伤害和痛苦，可是她还是要支撑这一家子的开支，即使贫穷，也要努力生活下去。

　　家中除了一个靠不住的丈夫和3个儿子，还有一个祖母。祖母是由奥普拉的朋友玛雅·安杰洛扮演的。3个儿子一个入狱、一个是小混混，最小的那个没有什么恶习，也就成了全家人的希望。

　　故事发生在亨利·霍纳公众住宅计划所实施的芝加哥，故事虽然普通，却是当时很多贫苦家庭的缩影。

　　在谈及拍摄过程中的感受时，奥普拉说到自己的定位"生活中的普通妇女"，其实这代表了所有的家庭妇女。她们也有愿望、欢乐、悲伤、失望，也会有自己的理想。只是，许多家庭妇女沉沦于悲苦的生活，而奥普拉却十分幸运地通过媒体，实现了自己的理想，找到了自己的价值。所以，她希望给予那些身陷苦难中的人以帮助。在拍片子的过程中，她遇到了一些可怜的孩子，奥普拉便把自己的50万美元薪水都送给他们做了奖学金，除此之外，还有一个家庭也得到了奥普拉很多的帮助。她把这个家庭中12岁的孩子送到了私立学校，让母亲得到了心理治疗，还为母亲和大儿子找到了工作。奥普拉还让所有参加拍摄的孩子们努力学习，如果成绩单上都是A的话就会带他们去迪斯尼乐园玩。

经历了人生的起起伏伏，奥普拉眼光开阔了，对于许多痛苦的往事，也就渐渐释怀了，她不会再把自己过往的故事当成隐私，而是与他人分享。在她看来，一个人局限于自己的过去是没有任何好处的，不如将自己的事情向大家讲述，和人分享就会有一种解脱和得到共鸣的感觉。

如此一来，奥普拉在大家面前变成了一个更加真实的人。这也是她深得广大观众喜爱的原因。

在人们眼中，奥普拉是一位美丽的人，是个拥有爱心和责任心的爱心天使。尽管幼年遭遇了各种不幸，但她还是对未来的生活充满信心。

在接受《新闻周刊》的记者莱内特·克莱梅特森的采访时，奥普拉说过，她从没有计算过自己付出过多少，得到过多少，但是她早年的经历也确实让她更深刻地理解了成长所面对的所有问题。

第三章 电视王国：书写壮丽的人生

1. 从逆境中崛起

当生活充满痛苦时，希望的光芒就显得尤为珍贵。与母亲第二次居住在一起的时期，最让奥普拉觉得幸福的就是上学时光，尽管上下学的路途十分漫长。

因为居住的地方离学校足有20英里，所以奥普拉必须倒乘3趟公交车。但是，每天上学都让奥普拉觉得快乐，心中充满了希望。从破旧阴暗的居住地来到绿草茵茵，被鲜花和草坪覆盖的学校，她仿佛踏入到另一个世界。

奥普拉这样一个卑微的小姑娘，走进学校后，见到那些幸福的孩子常常会心生羡慕。她多么希望自己能像那些富裕的白人孩子一样，拥有幸福富裕的家庭，每天都有零用钱，有漂亮的衣服穿，可以每天和自己的宠物一起散步聊天，每天也会有好朋友邀请她去家里玩，过着惬意舒服的生活。

愿望是美丽的，可现实却十分残酷。在学校里的奥普拉，总是会被白人小孩欺负，或者扬言要介绍给自己家里的黑人女仆，就仿佛所有的黑人都应该互相认识一样。

那些言论曾深深地伤害了她的自尊，时至今日，奥普拉对这些事情仍记忆犹新，在节目中她也会带着讽刺和幽默说，有些白人好像总会想一些和黑人有关的很不真实的事情。

快乐也好，苦难也罢，她仍旧要面对自己真实的生活，度过分分秒秒，迎接自己的成长。

1968年，奥普拉进入尼科莱高中。但是那年却很不太平。马丁·路德·金和罗伯特·肯尼迪两位政治舞台上的大人物双双遇刺。

其实在1954年，也就是奥普拉出生的那年，美国的最高法院裁决，公立学校的隔离制度是不符合宪法的。可是密西西比州却比其他州晚了十几年，也就是1964年才开始在公立学校进行种族融合。

密西西比州的特产不是别的，是暴力。震撼全国的"1955年之夏"就发生在密西西比州。几个白人杀掉了一个叫埃米特·蒂尔的黑人男孩。这个男孩只有14岁。

而据说这个孩子被杀的原因只是向一位白人妇女吹了口哨而已。后来的民权运动中，被谋杀事件占据了很重要的位置。

还有一件事情就是亚拉巴马州蒙哥马利一个叫罗莎·帕克斯的黑人妇女。坐公交车的时候她坐在了一辆公交车的最后面。根据当时的不成文规则，黑人应该将自己的座位让给白人坐。

她的无心之举却成了众矢之的，也导致蒙哥马利公交车运输业联合罢工，自那以后的很长一段时间，帕克斯这个名字都和运输界反对暴力的法庭诉讼联系在一起。

奥普拉执导的《宠儿》在玛丽安·威廉森今日教堂举行首映式时，还邀请了帕克斯作为嘉宾，以表示对她的敬意。

在帕克斯之前，也有黑人妇女想要试图改变美国法律，当时也引起了不小的轰动。这个坚强的女性就是密西西比州的艾达·B·韦尔斯。

她生于1862年，是个黑人奴隶。她与帕克斯一样，拒绝被隔离，可是却被赶下了车。韦尔斯对铁路公司提出了上诉，并成功胜诉。可是最终的结果却被田纳西州最高法院推翻了。

面对这样的结果，韦尔斯却没有一丝惧意，也并没有因此退缩。她人生中的大部分时间都在致力于提高黑人的待遇问题。虽然成功的路上充满艰辛，成功的次数少之又少，但她却从来没有停止自己的脚步。

后来的她成了孟菲斯一家报纸的部分股份所有人，也成了一位作家。可是不幸的是，报社办公室就被白人给毁了。他们的目的很明显，报复她在专栏文章中反对动用私刑这件事情。于是，她离开了南方。

当韦尔斯搬到了芝加哥后，在这里建立了美国第一个非洲裔美国妇女公民团体。

韦尔斯成了黑人联谊会第一届主席和芝加哥权利平等联盟主席。在外人看来，这些是一个黑人没有办法持续下去的事情，可是韦尔斯却赢得了所有人的敬佩。

1909年，她还帮助建立了美国最古老、最著名的全国性的民权组织。这个组织后来演变成了全国有色人种促进会（NAACP）。

奥普拉对这些黑人妇女的伟大成就有着深深的好奇。就在1962年，奥普拉仅仅6岁，也就是从外祖母那里搬到母亲那里的那年，一名叫詹姆士·梅雷迪思的黑人学生进入了牛津大学学习。

当然，这种历史性的事件在奥普拉只有6岁的那年还没有什么记忆。这些政治事件引得她关注也是很久之后，那时候已经又过了将近半个世纪了。

19世纪美国南部重建以后，第一项与黑人相关的民权法案通过的时候，奥普拉还只是个什么都不懂的小孩子。那时的外界环境都是骚乱、游行，甚至是谋杀等等，引得联邦部队也多次出动来平息混乱局面。

20世纪60年代虽然是个动荡不安的年代，可奥普拉毕竟是个孩子。她不会在游行中打什么横幅，更不会穿着非洲女人的衣服在街上穿梭。她在长大后也没有参加过类似的活动，她只是以自己的方式来为有色人种赢得更多公平的权利。

成名后的奥普拉是一位知名的社会人士，也越来越多地出现在各种场合，很多人都会认为奥普拉是政治人物，但事实上，奥普拉一直回避政治活动，也有意远离政治活动。

奥普拉的家乡——密西西比州是一个民主党占多数的州，不论是过去还是现在。1874年以后的历届州长除中了两个共和党人之外，全部都是民主党人。两个共和党人一个是1979年上任的萨德·科克伦；另一个是2000年与共和党总统乔治·W·布什一起连任的特伦特·洛特。1969年美国重建后，费耶特市也有了第一位黑人市长查尔斯·埃弗斯。

她经常拒绝与一些州长一起露面。在2002年，她直截了当地拒绝了乔治·布什总统和一些官员前往阿富汗学校参观的邀请。拒绝的理由是她已经对这件事投入了很多的感情了。这种回答给媒体提供了很多诋毁的机会，说她有对政府怠慢之嫌，但是奥普拉却一笑置之。

因为奥普拉已经是社会的知名人士，有人和她开玩笑时就打趣问她会不会考虑参加竞选公职。奥普拉总是面带微笑斩钉截铁地回答"不会"！因为奥普拉真正关心的并不是政治活动，而是黑人妇女的权益。对那些需要帮助和受到歧视的人献出自己的爱心，这才是她的使命。

奥普拉和激进主义者杰西·杰克逊的某些观点很相似，都有"知识改变命运，成就自由之路"的想法。杰西是性别歧视与种族主义的反对者。他们深信，教育是通向自由之路的捷径，通过知识就能改变一切。

奥普拉对于妇女的教育事业尤为热衷，她总会想到母亲弗尼塔的人生和与她类似的很多妇人的生活。相应的，对于奥普拉在社会多方面的努力和做出的成就，杰克逊对她的印象和评价也是极高的，也由衷地钦佩奥普拉的这种精神。

甚至《名利场》杂志也对她的成就夸张地赞赏道：奥普拉是这个地球上除了教皇之外影响力最大的人物。

《时代周刊》也在1998年把奥普拉列为20世纪"最具影响力人物"之一；而2004年，《时代周刊》又将奥普拉列为21世纪"最具影响力人物"。

对于蝉联"最具影响力人物"这个称号，奥普拉并没有太过在意，但是却足以证明她在人们心中的地位。

在自己的私人日记里，杰克逊更是将奥普拉描写成了照亮黑暗的人。据说这是描写他的挚友昆西·琼斯的方式，足以见得奥普拉在他心目中的崇高地位。

当然，奥普拉是做电视节目的，一定会有很多的观众支持她。通过民意调查，奥普拉是美国最受钦佩的女性之一，与第一夫人、一位女性参议员（希拉里·罗德姆·克林顿）、英国前首相（玛格丽特·撒切尔夫人）一同获得大家的肯定与支持。

与杰克逊不同的是，奥普拉参与的都是与非洲裔美国人和最底层人民有关的慈善活动，与其他人，比如白人的交流很少。

但是奥普拉的朋友有很多是白人。在1996年3月份的奥斯卡金像奖的166位候选人中，只有一位是黑人，奥普拉、杰克逊、伍皮·戈德伯格和昆西·琼斯对此很受触动，也就此批评了这次活动的主办方。

2. 迎接命运的挑战

　　奥普拉是个脚踏实地的人，并且有着很强的社会责任感，她一直非常重视教育事业。

　　成名后，奥普拉以父亲的名义在她的母校田纳西州立大学设立了10项奖学金。2002年，奥普拉在克利夫兰的凯霍加社区学院发表完演说时，得知该学校因资金问题，要缩减招生数量，便在这所学院设立了一笔60万美元的奖学金。

　　在莫尔豪斯黑人学院，奥普拉更是提供了500万美元的赞助。对于这个学院来说，这已经不是奥普拉第一次赞助了，之前的100万美元让她成了赞助这个学院出资最多的人。

　　从这些方面不难看出，奥普拉对于公益活动并不仅仅只是热心，更是将这些当作自己的事业来看待。

　　当然，爱是不分国界的，不只是在美国，在国际上很多地方，奥普拉都担任着慈善赞助的角色。在被访问到未来的计划时，她说如果不再参与电视节目的录制，自己则希望做些慈善活动，资助非洲的教育事业。

　　曾经在非洲，奥普拉为当地的一个女子学校捐过款。奥普拉总是对那些需要帮助的人给予很实际的精神慰藉以及金钱帮助。

　　她总是尽可能多地给予别人温暖，她像太阳一般发光发热，而人们通常只看到她的光环，却很少有人了解她内心深处的痛苦。

　　奥普拉以自己的经历告诫那些受到委屈的女孩，要勇敢地站出来，不要独自承受那些压力和委屈，要敞开心扉迎接更好的人生。

　　童年时的奥普拉承受了诸多痛苦，在母亲家中受到的委屈来自家中的各种男性。而在母亲弗尼塔眼中，奥普拉就是一个叛逆到无法管教的孩子，所以就将她送进了专门管束任性妄为孩子的地方。

　　最后，还是弗农把奥普拉接回来和泽尔玛再次住在一起。

　　那时的奥普拉已经怀孕。父亲弗农不敢相信，直到奥普拉告诉父亲自己受到的非人虐待，弗农才慢慢地感受到女儿的痛苦，也为之心痛不已。

　　在奥普拉的眼里，弗农是一位可敬的、自尊自重的人，是一位杰出的父亲，如果没有弗农，就不会有现在的奥普拉。

　　对于一个当时只有14岁的女孩子来说，她还不足以承受另一个孩子的命运。她更是不知道未来该如何面对。弗农是在奥普拉最黑暗的日子里照进她世界里一缕温暖的阳光。孩子生下来只有两个星期就夭折了。那时的奥普拉并没有像之后说的，感觉一个机会摆在自己的面前，让自己有面对未来的勇气。更多的是无助和彷徨，但是经历过这样一件事后，她变得坚强起来，不再畏惧未知的未来，开始能够勇敢地承受生活的苦难。

　　没有了孩子，也就意味着没有了未婚少年妈妈的很多负担。没有了在弗尼塔家中的各种委屈。她开始有了各种和小时候相似的优秀表现。小时候的那个聪明的女孩又仿佛回到了美丽的世界里来。

　　那时的奥普拉不能预测自己未来的成就，但是却和弗农说过，自己将来一定会成名，会成为大家所喜欢尊敬的人。也许曾经那只是一个无助的女孩的美丽幻想，但是多年的努力和拼搏，她终于让梦想照进了现实。

再一次和父亲一起居住，奥普拉的生活又重新回到了正确轨道上，她的教育问题也被重视起来。

弗农要求奥普拉的成绩单上必须全部都是A，对于一个聪明的孩子来说，C是对智商的蔑视。

这是弗农对奥普拉的要求，其实也是奥普拉对自己的要求。弗农不会因为奥普拉的成绩好就奖励给她什么，即使是一根雪糕。因为这在他看来是正常不过的事情，不是什么不能超越和不能理解的。泽尔玛也要求奥普拉做到一切能做到的事情，包括好成绩。

15岁的奥普拉开始每天写日记来记录自己的心情和生活，这个习惯她一直坚持多年。在进入纳什维尔东部高中后，奥普拉开始变得活跃而积极。入学没有多久，她就被选为了副班长、学生会主席、戏剧社主任和全国辩论联合会主席。在高年级时，她更是被选为了"最受欢迎的女孩"和优等生联合会成员。渐渐地，希望和光明驱散了曾经的阴霾，奥普拉的人生也变得丰富多彩起来。

3. 耀眼明星的诞生

幸运总是垂青优秀的人。

1971年，奥普拉被推选为与国外的同学一起参观白宫的青年议会成员。那是在尼克松执政期间，每个州只能选出两名学生，而奥普拉就很幸运地获得了这份崇高的荣誉。

在接受纳什维尔一家小电台WVOL的采访后，发生在这里的一件事影响奥普拉选择她未来的事业。这家电台的老板是一位白人，但是却常年被黑人管理着，听众们也大多是黑人。

他们想找到一个人来参加"防火小姐"大赛。约翰·海德尔伯格就是推荐奥普拉的伯乐。聪明伶俐的奥普拉给约翰非常深刻的印象，因为她在镜头下能够自信大方清楚地表达自己的思想。

他坚信，奥普拉就是一颗没有被发掘的未来之星。事实证明，他的目光敏锐。

奥普拉在寻找戴姆斯步行马拉松赛的支持者时，就是约翰采访的她，或许就是那个时候，奥普拉便已开启了她辉煌的人生。

"防火小姐"其实是选美比赛，在众多选手中，只有奥普拉一个黑人，而面对这次比赛，奥普拉却没有什么压力。

因为奥普拉认为无论怎样的努力，都不会赢过"重白轻黑"的社会现实。不过对于自己的晚礼服，她却有着极大的自信和满足。

在回答最后两个问题时，奥普拉表现得轻松自如，而她的回答赢得了在座评委的极度好评。对于"如果在比赛中获胜，赢得了奖金会用来干什么"这个问题，奥普拉说道："乱花一气。"而回答"未来理想的职业"她是说了想当"广播电台记者"。

那时奥普拉的回答可能会显得格外另类，但却都是她心里最真实的想法。所以对比那些中规中矩的回答，奥普拉显得很轻松、很自信。

这让她成了第一个获得"防火小姐"称号的黑人。这次之后，她又在一次露天的选美表演中获得了"纳什维尔黑人小姐"的称号。在另外一次表演中赢得了"田纳西黑人小姐"的称号。最后在好莱坞参加的"美国黑人小姐"比赛中，却没有得到什么成绩。这些荣誉给奥普拉带来了很多自信和经验，这些也为她以后的成功奠定了基础。

1971年高中毕业后，奥普拉到田纳西州立大学继续念大学。在这里，她主修的是演讲与语言艺术。

因为在"防火小姐"比赛中获得了骄人成绩，WVOL电台给了她人生第一份正式的工作：朗读新闻。

奥普拉最开始做这份工作的心态是觉得它有趣，也可以赚些零用钱，但是却在不知不觉中积累了不少的人气，赢得了很多人的喜爱，她的声音也慢慢地成为人们生活时的消遣。

所以，当电台需要人才时，约翰·海德尔伯格第一时间就想起了奥普拉。奥普拉的那种轻松、单纯的声音给他留下了极好的印象。

奥普拉绝对想不到，只是一个朗读新闻的工作，就给自己带来了这样广阔的世界。开始接到这份工作的时候，奥普拉还在考虑会不会耽误学业，可是父亲弗农却大力支持，他认为这是证明女儿的一个绝佳机会。

每周一次的朗读，有时也会临时被找去做替班广播员。她从一开始的义务工作到后来的每周100美元。弗农可能也没有想到过，自己对女儿兼职的支持会为女儿开辟出一片光明大路。

后来在大学期间，一家比WVOL规模更大的电台WLAC找到奥普拉，想让她在这里担任记者和联合主持人。对于这个职业、这个电台来说，奥普拉是第一个黑人女性。

奥普拉其实不是很想来到这里，但是后来在导师威廉·考克斯教授的劝说下，接受了这份工作。

她选择接受这份工作并不是因为它会有更高的报酬，而是因为那时的奥普拉正在深入研究的论文正好属于这一范畴。父亲也是极力支持奥普拉。可以说她的每一份工作和未来的人生计划方面的事情都是由父亲来帮助她参谋的。

奥普拉在生活中积极地寻找各个方向的阳光。大学里的演出可以见到她的身影，与纳什维尔的女子清唱团体"摇滚甜心"乐队一同演唱也会见到她。

当然，"摇滚甜心"就是那个"将斗争、坚定与胜利深深根植于非洲裔美国人心中"的乐队，她们总会唱出有色人种的心声。奥普拉和很多人都被这样的自由声音吸引住了。直到30多年以后，这个乐团仍旧在很多地方演唱。

即使是上了大学，家里面也仍旧很对奥普拉的生活管教得很严格。像是中学生一样被管束着的奥普拉必须在规定的时间回家。

大学中紧张的学习和兼职工作将奥普拉压得透不过气来，所以她做了一个坚决的决定：还没有拿到学历就离开学校。

离开学校之后，她开始在媒体界发展，在马里兰州的巴尔的摩一家电台里做一名记者和晚间新闻的联合主持人。

有些传言说奥普拉在1976年就大学毕业了，这并不符合事实，事实其实也是很笼统、含糊的。有些人说是在几年后，奥普拉获得了名誉学位；还有人说1987年她在田纳西州立大学被授予了学士学位。

当然，还有说她被田纳西州立大学邀请来做毕业典礼演讲后，让她修完学分、获得了学士学位。

唯一确定的事实就是她获得了田纳西州立大学的学位。这与奥普拉的好朋友也同样为导师的玛雅·安杰洛一样。2002年以后的奥普拉甚至可以用博士来冠名了。

这种情况是屡见不鲜的，像是棒球界的小卡尔·里夫肯、医学界的安东尼·福西、研究历史的科林·卢卡斯和伯纳德·路易斯、宗教界的小詹姆士·福布斯、剧作家埃米莉·曼都曾被普林斯顿大学授予名誉学位。而他们也都是因为自己的职业选择耽误了之前的学业。

奥普拉就这样获得了美术学名誉博士学位。在奥普拉被授予名誉学位的仪式上，同样来自于电台《清新空气》的一位访谈节目主持人也获得了名誉博士学位，是关于人类学的。

那一年是奥普拉收获名誉的丰收年。在获得博士学位不久后，她又被选为第六届"玛丽安·安德森奖"获得者。

4. 慈善的光芒普照

玛丽安·安德森是一位黑人戏剧明星。

安德森有一次被邀请到华盛顿宪法大厅去演唱，可是却被一个管理委员取消了安排。

这件事经后震惊了美国人，尤其是那些有色人种，对此深感愤怒。

后来安德森又被邀请前往白宫演唱，就这样为刚刚突破了种族隔离的家乡费城赢得了她自己设立的这个奖项。这个奖项的获得者一般要将10万美金捐赠给一个自己所喜欢的慈善机构。

获得这个奖项对于奥普拉来说，是一件十分欢喜和荣耀的事情。不仅仅是因为这个奖项设立的意义，更是因为资助慈善机构，使得奥普拉倍感欣慰。

在2003年将该奖授予奥普拉之时，费城的市长约翰·斯特里特肯定了奥普拉对于美国和南非各种社会捐款而带来的效益。

除了对奥普拉的贡献大加赞扬外，约翰还特意讲了自己对奥普拉主持的节目的欣赏。认为这档节目非常注重自助，这点在他看来十分的重要。

奥普拉就这样成了"全国人民的指导老师"。这样的评价让奥普拉深感欣慰，因为她的付出和努力得到了民众的认可。市长讲完话后，评选这个奖项的委员会主席，也是费城花旗银行公共事务部高级副经理的帕梅拉·克劳利也对奥普拉给予了高度评价。

其实奥普拉的性格里有着与安德森相同的地方，这两位女性都是通过自己的努力而取得巨大的成就。每一个提及奥普拉的人，都会对她从既贫穷又叛逆的少女成长为这样大度又成功的女性而赞叹不已。

有这样一个故事，有一次，奥普拉被选中去参加一个在芝加哥举办的黑人大学生竞赛。选手们没有被安排住处，只能住在芝加哥南区的一处破旧的汽车旅馆。这样的旅馆是犯罪率最高的地方。大家对此都感到愤愤不平。

然而，奥普拉在大家都惊慌、愤怒的时候，则选择了一种大气、令人心生敬佩的做法，就是不理会，泰然处之。

从那时起，奥普拉就已经彰显出了她的巨星风范。

后来的她说到，她的这种泰然自若的心理素质还是得益于诺扎克·尚奇的一段戏剧《献给企图自杀的有色女孩》。这部作品的故事深深地感动了奥普拉，也鼓舞了她。

没有一棵小草自惭形秽，就更没有什么事情值得自杀或者以各种形式自残。

1996年的奥普拉获得了广播界的最高殊荣，就是"乔治·福斯特·皮博迪个人成就奖"。2002年，又成了"鲍勃·霍普人道主义奖"的第一个获得者。

这些成就被人看在眼里是这样的幸运，但是很少有人会注意取得这么多成功的奥普拉曾经经历了多少痛苦的。

在22岁的时候，奥普拉想要去其他地方寻找人生的方向，就这样离开了纳什维尔。那时的她像是一张白纸，没有任何色彩，突然进入社会这样一个大染缸，难免会遇到许多磕磕绊绊。

那时的奥普拉事业才刚刚起步，她并不知道自己究竟适合什么领域，然而，对于这样一位青年，来到美国的第十大城市巴尔的摩一定会面临巨大的压力。

她用了很长的时间了解了自己的专长不是正在做着的晚间新闻节目主持人，也用了同样长的时间成为一个自信健谈的人。

同事们把奥普拉的开朗和阳光看在眼里，也都觉得将奥普拉放在与人交谈的节目中也许会更好。

那时的奥普拉总是会感觉到局促不安，晚间新闻的录制中无法让她展现自己的个性，因为必须要一本正经地站在那里。这样的主持形式使奥普拉感到很不适应。

事实上，奥普拉确实没有做新闻主持人的天分。因为她总是会莫名其妙地兴奋起来，这样就容易犯一个新闻主持人不能犯的错误，就是对其中涉及人性的事情表现得过于激动。

当然，缺乏记者的素质并不代表她不可以邀请优秀的记者来编写属于自己的杂志。《O》的成功让奥普拉成功地拥有了更多的作家朋友来帮忙。

因为是新人，所以总制片对于奥普拉比较严苛，像是穿着不当或者形象不好都会被批评。所以奥普拉就被指派到纽约进行了全面改装，大量造型和化学制剂的染烫使得她的头发掉了很多。

不幸的是，到最后不仅仅是头发，奥普拉把工作也失去了。

虽然没有了晚间主持的工作，奥普拉却幸运地得到了另一家电台的赏识，被邀请去主持了一档早间节目《大家说》。

奥普拉必须要与一位男性主持人理查德·谢尔一同主持。这是奥普拉不喜欢的，她主持的时候是不喜欢有人在旁边打扰自己思路的。但是就算这样，奥普拉也坚持了几年。

就这样，越来越多的机会慢慢地接踵而来。在巴尔的摩这样一个人口众多的城市，电视节目的观众数量也一定不会少。但是比较其他的12个城市来说，在这个城市的观众数量是少的。

可传奇的是，在巴尔的摩这座城市，奥普拉的节目的收视率却比全国各个访谈类的节目都要高，把之前收视率第一的《多纳休》都比了下去。

对于这个统计结果，奥普拉倒没有什么过于兴奋之处，但是却为奥普拉后来的工作开启了一扇幸运之门。

对于一个本来就不是特别满意的工作，奥普拉早已厌倦了，她开始四处奔波寻找自己喜欢的事情去做。终于在一个建立专家和一位制片人朋友的帮助下，来到了芝加哥，那一年她刚好30岁。

在奥普拉的印象中，芝加哥比纽约更加漂亮。芝加哥是美国电视市场的领头城市之一。在芝加哥做了20多年的节目，第一次当主持人的时候奥普拉却被强大的竞争所压迫，使得收视率一直上不去。

焦急的奥普拉找到电视台经理丹尼斯·斯旺森来倾诉自己的苦恼，斯旺森的回答很简单，就是保持自己的风格。

奥普拉就是奥普拉，她没有必要向菲尔·多纳休的方向发展，也不可能会变得和她一模一样。奥普拉有着开朗的性格和真挚的情感，这样的性格再加上奥普拉的才华，迟早会获得观众们的支持。

之后的《芝加哥早晨》证明了斯旺森的看法。收视率飙升，所有的访谈节目都被奥普拉远远地甩在了后面。几个月的时间里，在很多同类节目中，《芝加哥早晨》都是可怕的噩梦。

这时的奥普拉已经是一位小富翁了。

在芝加哥做节目才两年，奥普拉的名气就已经在全国范围内被众人知晓。32岁的奥普拉回到密西西比州与弗农·温弗瑞及泽尔玛·温弗瑞一同庆祝感恩节时，就发现了弗农开的那家美容院所在的大街已经被改名为"弗农·温弗瑞大街"。

奥普拉的成功在父亲看来是自然而然的结果，因为他相信自己的女儿。

第四章 言语之间：脱口秀的魅力

1. 始终保持感恩之心

多年以后，当奥普拉回到外祖母的家时发现外祖母原来的房子已经不见了，原地址却被命名为"奥普拉·温弗里路"。

这样的小地方也都知晓了奥普拉，足以证明奥普拉的人气。

休完假、探完亲后，回归事业的奥普拉继续朝着成功更进一步。1987年，奥普拉被授予了艾美奖，由此来奖励她在电视节目取得的成就。在后来的日子里，她曾被30次授予终身成就奖。

这是踏上成功巅峰之路的开端，奥普拉在百般努力下终于获得了大家的肯定。

而在1986年9月后，金氏兄弟买下了《奥普拉·温弗里》节目的版权，更是得到了全国137家电视台的疯抢，让奥普拉成了名副其实的富婆。

事实上这个结果并不难预测。当然，面对这样的成功，奥普拉也理性地分析过，因为不仅仅是在电视节目中，广播中也在播出。而且这档节目是在白天播出的，这样的黄金时间就像是得到天时地利人和一样，都在帮助着奥普拉。

奥普拉一直把自己的成功归功于金氏兄弟，被采访的时候，奥普拉提及自己的成功总是会提到金氏兄弟。她一直强调，没有他们就没有现在自己的成功。

直到多年以后，金氏兄弟都一直是她节目发行人的唯一选择。

但是奥普拉也一直通过自己的公司在控制节目的制作。1999

年，奥普拉用25亿美元买下了电视联合公司的"金氏世界制作公司"以后，金氏兄弟仍旧拥有着奥普拉节目的出售权利。

当然，奥普拉的节目是大受欢迎的，这就意味着节目的赢利一定会不少。每周大约有1500万人到3000万人在观看奥普拉的节目。为什么差距如此之大？主要是看在什么范围。

如果仅仅局限于美国，人数可能会少点，但是如果放眼世界，那就多了。20世纪末，奥普拉的节目利润占金氏兄弟公司的40%。当然，奥普拉也是重要的股东。

金氏兄弟是人称"男孩子"的罗杰和迈克尔。两个人都是白人，他们家中共有6个兄弟，父亲去世后就继承了一家业绩正在走下坡路的辛迪加企业。

两兄弟一手将这个即将倒闭的小规模公司变成了拥有着百万美元的上市公司。后来的金氏兄弟主要做电视节目。

他们的主要项目大多是游戏节目，很受观众欢迎。即使拥有这样多的项目，奥普拉的节目始终是占据着巨大的板块。

有人预测说，如果奥普拉真的要退休，就一定会和金氏兄弟签署另外的合同互相为对方带来效益。

罗杰·金是个很有经商头脑的中年人，可是6英尺4英寸高、200磅重的他却有着赌博的坏习惯，是个挥金如土的人。

金氏兄弟都是以慷慨、喜欢赠送礼物而闻名，当然，奥普拉也曾是受益者。即使这样，奥普拉仍旧非常尊重他们，因为没有他们，奥普拉的节目也就不会有这样好的效益。

奥普拉的节目热播之前，一直都是菲尔·多纳休占据着电视节目的榜首。奥普拉在节目制作前期也曾观看过多纳休和巴巴拉·沃尔特斯的节目去学习如何来做访谈节目。

在某种程度上讲，他们还是奥普拉的师傅，但是青出于蓝而胜于蓝的奥普拉却创造了奇迹，她用一年的时间做到了多纳休10年的成绩，速度就像是冲天火箭。

多纳休曾是美国电视节目白天档的主导，家庭主妇们在聊天时总是谈到很多他节目里的话题。但是奥普拉的出现彻底地改变了这件事情。

在采访中，奥普拉感谢多纳休给予自己的很多东西。多纳休也肯定了奥普拉的成绩，欣赏她的交流方式和能力，而且佩服她的进步速度。

多纳休离开了芝加哥，来到了纽约，虽然矢口否认，但是避免竞争这一事实确实很明显。即使改变了节目播出时间，但仍旧无法恢复之前的成绩。

2002年3月，他试图进入MSNBC-TV想来一次翻盘，但还是在6个月后停止了新节目的录制。多纳休太过在乎自己的名誉，相对于奥普拉来说，他少了那份自在和大度，这也是他失去了很多观众的重要原因。

从纽约来到芝加哥，这个决定是正确的。几年后的奥普拉成为娱乐界一颗闪耀的明星，也因此积累了不少的财富，有人还说，奥普拉甚至会排在全国最富有的人的前十名。直至1993年9月为止，奥普拉共拥有9800万美元。《福布斯》也证明了奥普拉在美国是最富有的人之一。

直到10年后的2003年，《福布斯》再次列出世界最富有的100个人时，奥普拉仍旧是黑人亿万富翁中的第一人。

她的照片更是和沃尔玛商店的创建者萨姆·沃尔顿的继承人，还有创建了微软公司的总裁比尔·盖茨——这个世界上最富有的人，一同出现在了杂志的封面上。奥普拉在赚了钱以后，在芝加哥购买了一套高级公寓。公寓坐落在湖边，优美的风景和格外昂贵的价格让有些人望尘莫及。在57层居住的她不仅可以从家中看到湖边的风景，更是可以俯瞰美丽的芝加哥全景。

当然，作为公众人物公寓里的衣物应该是应有尽有的。瓦伦蒂诺、昂加罗斯、克里齐亚斯……这里有很多人想买都买不起的名牌。

奥普拉很喜欢买一些个性化十足的衣服，只要她喜欢的，不论多么昂贵她都会出手购买。她对员工也是十分慷慨，她也曾赠送给200名员工每人一双精美的靴子。

这套公寓里还有一个葡萄酒房和一个大理石的浴缸，奥普拉很喜欢宅在家里，所以她的睡衣也多达几十件。每天洗泡泡浴是她的习惯，这样的睡前洗浴会让她放松心情，尽快入睡，也会舒服地睡上一晚。后来，她又在印第安纳州罗林——普莱里和科罗拉多州特鲁莱德滑雪场旁购置了两处房子。

在印第安纳州罗林——普莱里的那所房子是在一座160英亩的农场上建起来的。其中的一块40英亩的草坪是由华盛顿园林设计家詹姆士·范斯威顿设计的，和这样一座价值200万美元的房子相互衬托，景色绝佳。

奥普拉非常喜欢动物，所以在家中养了9只狗。她最喜欢的是两条西班牙的长耳猎犬，一只叫所罗门，一只叫索菲。奥普拉还为它们建造了带有暖气的狗窝。她还在农场里饲养了一些纯种马。

另一处别墅是一位名叫布鲁斯·格莱格的著名设计师设计的，在85英亩的农场上建立起来的。房子占地42英亩，价值5000万美元。据说，这座房子是奥普拉用个人支票购买的。

另外，她还在夏威夷的毛伊岛购置了一些海滨别墅。为了往来方便，奥普拉买了一架喷气式飞机用于交通。如今的奥普拉，摆脱了儿时的悲苦命运，享受着富有的生活。

2. "建一座奥普拉房子"

奥普拉的知名度打开了，她的收入也开始丰厚，这使得她可以做更多以前做不了的事情。

她从ABC-TV电视台获得了关于《奥普拉·温弗里》节目的控制权和制作权，而且还成立了哈普公司。

对于哈普公司，奥普拉像是自己的孩子一般珍视，亲自为公司找办公之处，经过一番考察，最终公司的地址选在了一个曲棍球场的旧址。旧楼翻新了以后，焕然一新，奥普拉将这里变成了一处兼有温泉浴室和体育馆的多功能办公室和制片室。

公司里的许多布置和装饰都凝结了奥普拉的心血，这里的沙发、地毯、瓷砖把手等等装饰用的东西，都是奥普拉亲自购买。奥普拉成为第一个拥有自己的制作室和制片公司的黑人女性。一个电视制作人做到这步是非常难的，大部分拥有自己工作室的都是白人，例如玛丽·皮克福德和露西尔·鲍尔。

奥普拉是哈普娱乐集团总裁和首席执行官。她的职责主要是运作自己的节目，还有制作各类电影和在特定的时间播出一些关于电视的专题片或者是儿童专题片，或者是家庭录像。

直到2002年，哈普公司价值上亿美元，奥普拉则是最大的股东，占据着90%的股票。

奥普拉也为哈普公司网罗了不少人才，这其中就包括杰夫·雅各布斯，杰夫·雅各布斯曾经是位娱乐界律师，现在的他是哈普公司的总经理。奥普拉很欣赏他的想象力和远见。

他拥有哈普公司10%的股份。虽然奥普拉不止一次地被评价为"实用派"，却还是聘请了雅各布斯这样具有跳跃性思维的人来做总经理，对于这一点，奥普拉有着自己的打算，她希望公司能够多方面发展。

奥普拉是掌控着整个公司运作的一个决定性人物，而雅各布斯则被外界称为是哈普公司的"战略顾问"和"好斗的生意人"。他就像是锯脂鲤一样，身在热带水域的这种鱼总是会攻击其他鱼类，是一种很贪婪的食肉鱼。这种比喻来形容雅各布斯是稍微有些过分，但是却很形象。

无论怎样，在奥普拉的哈普公司里，雅各布斯占据着相当重要的位置，这点是毋庸置疑的。他不仅仅是个总经理，还是个免费的广告代言人。奥普拉在电视和电影中经常会给他安排各种各样的角色，而他也乐此不疲。

在两个人的协作努力下，公司不断发展壮大，公司的员工达200多人。这些员工大多是女性。

奥普拉还聘请了一位她很赏识的首席运营官蒂姆·贝尼特。对于原本就是电视台的行政管理人员的蒂姆·贝尼特来说，做这些工作相对轻松。奥普拉就这样慢慢地开创了属于自己的一片广袤的天空。

在事业取得一番成就之后，奥普拉便开始投身公益事业。在1997年建立的"天使网络"是奥普拉回报社会、回报支持她的人的一个平台。奥普拉是希望通过创立这样一个组织，聚集一些有能力的人或者团体来做一些慈善事业，来帮助那些需要帮助的人们。

其实，从小时候开始，奥普拉的理想就是想做一位传教士，如今，她的理想以另一种方式得到了实现。

她把善良和爱心传递给了每一个接触过她的人。

奥普拉非常明白，一个人，即使拥有很多钱，也不可能拯救那样多的平民百姓，所以她需要聚集更多的力量去帮助别人。

做慈善一直是奥普拉的动力，所以"天使网络"，与另一个慈善组织"人道主义栖息地"一样，成立了为那些没有居所的人提供居住地，给需要的大学设立奖学金。

"天使网络"开始的时候是以两个计划而闻名的：一个是"建一座奥普拉房子"计划，是和"人道主义栖息地"一起进行的；另一个就是"世界最贪心的银行"，这是一个呼吁群众为贫困儿童捐款的计划。

在1999年，奥普拉又与杰拉尔丁·莱伯恩和马西·卡西一起创办了一家有线电视公司，叫作"氧气媒体公司"，奥普拉购买了8%的股票。而问及她原因，奥普拉只说，自己想要一个声音，可以表达自己的心声。氧气媒体公司的节目主要是关于女性的话题。当然，话题并不是单一的，有时也会面向大众。

节目是全天候的，没有工作日休息日之分，每天这档节目都会和电视机前的观众见面，但却没有取得意料之中的成功。

即使是采取了各种手段，比如增加了《节目背后的奥普拉》这个全新聊天节目，还是难以维持这个有线频道的正常运作。

经过调查分析发现，这档节目只有很少一部分家庭喜欢观看，并且关于女性节目，大部分女性观众更加喜欢被称为"女人的电视"的"一生频道"。

当然，这一点小打击并不能对奥普拉造成什么伤害。因为坎坷的人生磨炼了她坚强的意志。

于是，面对韦利斯利学院的1997年春季毕业生，奥普拉对她们谈起了她们即将面对的未来。

对于这些年轻的女孩，奥普拉说，其实未来的路本身就是一段旅程。奥普拉还将很多对她自己来说重要的事情，以及一些感悟都讲给她们听。

奥普拉劝告这些毕业生们，一定要遵循她们认为对的、有用的想法来规划自己的人生，而且还提醒她们，每个人都需要从自己的经验中获得这些信息。

正如奥普拉自己所说的那样，她用了很长的时间去经历这些挫折和喜悦，才了解了自己所谓的教训，真的是自己最宝贵的财富。我们要做的只是自己，而不是什么伟大的别人。奥普拉也曾讲过自己的经历，那时的她还只是事业刚刚起步的人，还不知道自己适合怎样的主持风格，就去尝试那些著名的主持人的主持方式，但她最终还是选择了做自己，以自己的风格去面向观众。当然，如果奥普拉没有坚持自己的话，可能她就不会有现在的成就了。

奥普拉希望韦利斯利学院的毕业生们从一开始就能够坚持做自己，不要等到明白后才找寻自我，这样就会晚一步达成自己的目标。

奥普拉一直相信，拥有这样信念的人一定是会成功的。同样的，我们更要坦然地承认自己的错误，从失败中站起来，勇敢走下去。

不论任何时候，在奥普拉看来，这些韦利斯利学院的学生们都像是自己心中完美的青年时代的缩影。

　　她无数次想象着自己就像这些孩子一样平安快乐地长大，但是毕竟已经经历过了那么多的事情，也成就了自己的人生。她不会太过苛求。

　　对这些即将走向社会的女孩子们讲的话，是奥普拉几十年人生经验的精华。

　　从少年时的懵懂无知一直到现在懂得珍惜生活，这不仅仅只是经历，还有感悟。她鼓励这些毕业生，也要像自己一样每天记日记，将自己的心情记录在有形的纸张上。

　　可能几十年后，那些心情的记录会将自己带到一个更加广阔的世界。

　　在节目中，奥普拉经常会鼓励读者这样做，这些日记中的所有事情，都将是自己的快乐源泉。哪怕多年以后，时间抹去了某些事实的足迹，也会在日记中找到那些清晰的记忆，这将是人生最好的见证。

　　奥普拉在精神层面上更加注重那些所谓的与上帝的联系感，就是她所谓的"自然""力量"。不论怎样评价和称呼这个源泉的名称，它都是一种支撑她前进的动力。

　　奥普拉承认，她不会经常去教堂，那是因为她觉得没有必要将自己的信念与有组织的宗教活动联系在一起。她不想将自己的信念只是局限在形式上，而是要更多地体现在行动中。

　　有的时候，奥普拉会去芝加哥南边的基督三一联合教堂做礼拜。她说，教堂就在自己的心中，只要心中存有这种信念，就会有更高一个层次的力量存在着。

3. 一段灰暗的光阴

在奥普拉的世界里没有应付，只有认真。

只要必须去做的事情就都要非常认真地去完成。不论是在娱乐圈中树立形象，还是在2001年9月11日的那场灾难。灾难发生后，在纽约的扬基体育场，奥普拉主持了一个多宗教一同参加的活动。参加这个活动的人不仅仅有娱乐界的人，还有各行各业的宗教爱好者、忠诚的信奉者。

他们站在那里，和奥普拉一起安抚着这个正在遭受重大苦难的国家。呼吁大家团结起来，共同对抗恐怖势力。

那段时间的美国非常团结，少了种族阶层的限制，而多了一分共患难的情谊。许多人共同经历那次劫难，可还是有几千个人失去了家园，失去了朋友，失去了亲人。

奥普拉在这样的时期，通过自己的访谈节目、写作在安慰民众。虽然她的力量有限，但是她却在竭尽自己的能力，去做一些积极的事。在那段阴暗的日子里，奥普拉写了一篇文章《我确实知道的事情》。这篇文章中主要讲了奥普拉在这段时间里看到的所有阴暗的角落和光明的未来。这其中充斥着悲伤与快乐、匮乏与满足、平凡与奇迹、衰落与希望。

在奥普拉看来，这是生命旅程的一部分，人生总是要接受很多自己无法预料的事情。每个人都有自己的路要走，都会经历坎坷起伏。奥普拉在文章中真诚地讲出了自己的心声，她同样是用自己的人生，证明未来是充满了希望的。当然，大家也都知道，即使奥普拉说出了自己所有的心声，也只有很少的人会真正理解这些道理，做到像她这样的成就。

《华盛顿邮报》的记者，CNN晚间新闻讨论节目的主持人霍华德·库尔茨写了一本书《大话连篇——大家一起谈》。在这本书中，他罗列了一些在他看来是"谈话大主教"型的演艺人员。这些被列出来的人都是些电视观众和普通群众周知的人物，这些人中有的竟然是没有看过电视、没有听过广播的人都会了解的公众人物，例如奥普拉。

虽然在库尔茨列出的名单中，奥普拉是第六名，没有"名列前茅"，但奥普拉仍旧是这7个人中唯一的女性。

这个名单罗列了白天档和深夜档访谈节目的前几个领军人物：拉里·金、麦克劳克林、林博、伊穆斯、多纳休、奥普拉·温弗里和科佩尔。

奥普拉有时候会有一些十分夸张的语言，但却都是真性情使然，并不是什么"大话"。她的性格有时候会有一些人不理解，但这就是奥普拉，虽不完美，却很独特。

奥普拉是"贝蒂·克罗克最具同情心的女朋友"。相比晚间的那些访谈节目，奥普拉的节目更加轻松些。

晚间的那些节目大多是专业性、理性很强的新闻类节目。情感类的白天档，更多地吸引了多愁善感的女性观众，也就是主力观众，因此奥普拉仍旧是观众心目中的偶像。

广播这种形式开始流传后不久就有了电视访谈节目，可以说这两种形式是差不多同时存在的。据说，电视访谈节目这种形式是随着20世纪60年代菲尔·多纳休的主持形式出现而形成的。

有很多作家都会将白天的一系列访谈节目与肥皂剧相比。原因是两种形式有着些许的联系，甚至会很相似。

所以一些访谈节目取代了肥皂剧并不意外，可能就是它的"剧情"不像肥皂剧那样狗血了，能让观众耳目一新。

然而，研究通俗文化的学者将这些访谈节目和散布在街头小报上的散言碎语还有那些闹剧、表演节目相联系起来，发现这些在电视节目发明以前，真心忏悔类型的杂志，就曾是一些公共场所，例如理发店里最受欢迎的杂志类型，它们可算是访谈节目的前身。

《真实故事》是二战前的杂志，这款杂志和其他杂志一同被人镶嵌在框架内，每每有人经过饭馆的墙壁，都会让人有一种回到以前那个淳朴年代的感觉。

在95号州际公路旁的南北走廊地带，有一家名叫"饼干桶"的饭馆，为了吸引更多的顾客，这里的墙壁上挂上了《真实故事》的封面。还有一句吸引人的标语"事实比虚构还要让人感到陌生"。

这个标题上的故事《我自己的恋爱陷阱》再加上那个醒目的标题都可以上今天的访谈节目了。这种通俗文化的古老形式和今天的访谈节目有着莫大的联系。

不论是宣传手段或者是话题的选择，都对电视节目的主要观众也就是女性，是非常有吸引力的。

4. 不断变换的故事

当然，现如今的制片人在选择话题上面绝不是毫无意义的，他们不仅仅将女性的兴趣了解得透彻，还要同时观看其他类型的电视节目和娱乐界的名人、街头小贩的报纸杂志，以和这些实时更新保持一致。

曾经有人认为白天的访谈节目和晚上的有很多共同点，其实这只是一家之言。

从20世纪90年代以来，白天或晚上的节目的关注点也在渐渐地发生着变化，这些变化让细心的作家注意到，就算是严肃的新闻节目，现在也是在以娱乐作为导向了，这仿佛成了所有的访谈节目的模板。

在一些白天档的节目里，对一些有意义的问题研讨得更加多了，能找到观众的兴趣和注意点一直是电视节目的永恒主旨。

当然，使得晚间节目那样轻松的原因主要有一点是一些著名的人物出现在幽默的娱乐节目中，像是克林顿总统、戈尔副总统和布什总统，他们常常会在这类节目中出现。

比尔·克林顿曾经在节目中表演过萨克斯管，而戈尔也曾在《周六夜晚现场》中再现了民主党大会的那一幕接吻镜头。那次提名后，戈尔与妻子的那次激吻一度成为大家争相报道的热点，就连向来严肃的新闻媒体都关注了此事。

提到接吻，奥普拉也曾被几位总统的候选人吻过。这里也包括曾在节目中说到的乔治·W·布什。除此之外，第一夫人希拉里·克林顿和劳拉·布什也都在奥普拉的节目中出现过。

最近的一批政府成员都在夜间和周末白天的访谈节目中做过嘉宾，主要是因为周末的访谈节目大受欢迎，在提高节目收视的同时，也提高了节目主持人的知名度，也使得这些政治人物在节目中有更多的机会展示自己，互惠互利。

这样的模式让周末白天的访谈节目也存在了15年之久，而且仍旧收视长红。这种情况被一位叫彼得·卡尔森的记者称之为"美国一个发展飞快的产业"。

每天的节目都像是洪水猛兽一样袭来，一直到20世纪90年代末，这些令人窒息的节目终于停播了。

但是现在的节目却给人一种哗众取宠的感觉，没有什么话题是他们不可以谈及的，甚至是一些隐私问题。

卡尔森在一家汽车旅馆居住了24个小时，目的是写一篇研究访谈实质的文章。搜索出来的资料里，就能表明很多现实。

在菲尔·多纳休的一些节目里，他就曾大讲特讲女性乳房的广告价值；还有蒙特尔·威廉姆斯也曾说过："把男性的屁股放在监狱里，直到他不再憎恨他人为止。"

这些事情实在太多了，还有凯西·李曾经夸张诙谐地讲到与自己相关的"乐事太多了"。

杰里·斯普林格曾经在节目里去安慰一个想要改过自新的纳粹分子，就说想要得到大家的原谅就要做一些事情，比如说脱掉衣服。

拉什·林博做过一些过分的事情，就是对帮助那些流落街头者的人们大加嘲讽。

詹尼·琼斯也毫无顾忌地问一位12岁的小女孩她为什么要有性生活，那次节目结束后还有观众打进电话希望和主持人谈谈这方面的问题。

莫里·波维奇一次在节目播出后，播放了一些第二天即将播出的片段，里面有一段是一位妇女想要与这座城市里的所有人都发生性关系。

从1986年开始，奥普拉就在芝加哥做主持人，没有人能想到她的节目会是怎么样的收视情况，更不会想到会对菲尔·多纳休——这位占据着白天所有收视的王牌主持人造成什么影响。

但是事实证明，奥普拉很快地拿下了多纳休的王牌桂冠。但是在奥普拉心中，多纳休一直是电视工作的开创者。在观看多纳休的录影时，奥普拉学会了使用一种"单一话题形式"。

在奥普拉看来，多纳休的很多观点都对电视节目的健康发展有着很大作用。是他建立了一种白天访谈节目的模式，也是能将夜间节目"PK"掉的模式。

许多年来，电视批评家都对多纳休的节目持肯定意见，支持他的严肃又创新的模式。

与奥普拉的遭遇相同，也有很多批评家针对多纳休。批评得最狠的应当是CNN晚间访谈节目主持人霍华德·库尔茨。

在他看来，多纳休的节目毫无新意，只是为了吸引大家的目光，是在以一种质疑的目光来寻找他所谓的目标。库尔茨甚至用了一些比较狠的话，说他是没有品位、自以为是、喜欢说教的人。

但是库尔茨也不得不承认，多纳休不是一位简单平凡的主持人，当然，他的收视率就可以证明一切。

他还曾在节目中邀请总统的候选人来。不过，库尔茨更多的是注意到多纳休在主持节目时的那种俗气，好像在多纳休的身上他会找到所有节目主持人的缺点。

1994年在CNBC（美国全国有线电视公司）一个由多纳休主持的访谈节目里，库尔茨和多纳休两个人还正面地交锋过。

库尔茨在讲到奥普拉的节目里那些贻笑大方的话题时，没有给她好评。他也同一些不喜欢奥普拉的作者一样，指出了奥普拉节目中那些让人接受不了的话题。

奥普拉说过，自己没有想过从他人处得到渔翁之利，她做的一切只是想要为他人做些善事，看到自己对美国甚至是国际上的贡献。

对于她的话，有人持保留意见，而库尔茨却对这番宽宏大量、无比振奋人心的话表现出明显的冷嘲热讽。

不过他还是对这段话所表现出的意图以及奥普拉这些年的奋斗历程给予了肯定。

从刚开始的访谈节目的录像里不难发现，他们涉及的内容从很低级的到严肃的一应俱全。所以这些节目在风格上和制作上总是居于领先地位。因此能在"艾美白天电视节目奖"和"终身成就奖"上得到很高的评价。

后来奥普拉决定要对节目的品位进行提升，这样就要对节目进行较大范围的改动。

在日间访谈节目竞争激烈的时代，《奥普拉·温弗里》将这些俗气的内容摒弃，带动了新一轮的访谈节目高潮。

第五章 媒体女皇：公众面前的女强人

1. 独特的奥普拉风格

当大家都在比较谁的话题更加匪夷所思、更加劲爆时，奥普拉却努力地提升着自己节目的质量，这足以见得奥普拉的远见卓识。

与此同时，其他的节目主持人，比如说杰里·斯普林格的节目，就因恶俗不堪，备受批判。曾有人说他的节目是"荒芜的沼泽"。当然，也不是所有的人都对奥普拉改变节目风格这件事情表示支持。

有的观众是会把兴趣转换到奥普拉的节目上，但是从20世纪90年代两个节目表示出的现状和拉锯的状态都不难看出，即使是那些对白天档的访谈节目持有批评意见的人，也都不能否认奥普拉的举动是很有前瞻性的。

这些电视节目批评员一直对白天的访谈节目印象不佳，觉得那是没有价值观、质量低、性质恶劣的。正因为这样，奥普拉的改革得到了更多的人的支持。

即使这样，仍旧有很多人对奥普拉的改革持有不同意见。一些旧电视领域很有发言权的人对奥普拉的节目的大转变根本视而不见。

批评她的人觉得她在迎合和支持平庸，还为奥普拉在美国人的心目中的形象而担心。

还有人发现奥普拉反感男性，尤其是那些黑人男性记者说奥普拉对他们总是表现出极度愤怒。

所以奥普拉被批评成"在散布大杂烩型的唯心论和自我感觉良好的心理学"。

奥普拉主持的节目向来饱受争议，还多次被批评为"过于敏感"。还有人将她说成是一个没有经验，没有经过训练的公开忏悔者。与其他的主持人放在一起，就组成了美国文化中对观众，也就是他们所谓的受害者的一种不健康的关注。

记者和医生都很夸张地将奥普拉所宣传的自主疗法比作是情感的创可贴。他们认为这种自主疗法起到的只是一种破坏性的作用。

当然，其实没有必要把访谈节目看得那般重要，这并不是什么灵丹妙药，没有那么重要的作用，这只是像肥皂剧一般的访谈节目，有的时候甚至都是在演戏，嘉宾，也包括主持人。

为了提高节目的质量，奥普拉也邀请了很多专业人士来进行节目的录制。这样一来，对待这些问题的设计就会有严肃性和创见性。

当观众想要得到什么当前发生的事件的最新的信息和获得精神上的慰藉时，例如一触即发的伊拉克战争、在哥伦比亚的飞机失事事件、经济萧条的情况，《奥普拉·温弗里》就会表现出高档节目所具备的素质和水准。

这样的感觉就像是吉姆·莱勒所主持的《新闻时分》（News Hour）或者是CNN的一些令人难忘的节目。

在对伊拉克局势做出决定的前一个夜晚，也就是2003年2月6日，美国的国务卿科林·鲍威尔对联合国代表发表了一次重要的讲话。

在这之后，奥普拉就在NBC和氧气媒体电视公司将所有的话题和焦点放在了美国及其盟国都很在意的伊拉克问题上。

　　奥普拉与《纽约时报》的专栏作家——一位关于中东问题的专家——汤姆·弗里德曼还有一些国外的记者和作者合作，并争取到了CNN的支持，录制了一期节目。

　　这期节目对国内外各个时局都进行了介绍和点评。这期节目在观众看来是与众不同的，因为它与平时奥普拉的娱乐有所区别，也是没有经过允许直接播放的，所以节目中汤姆·弗里德曼的观点被大多数观众批评了一顿。这也给很多人留下很深刻的印象。

　　但是从那次以后，奥普拉的节目就回到了那种令人喜欢的话题和轻松的氛围上。当然，了解奥普拉节目的人都会发现，奥普拉最喜欢的话题就是体重。关于"体重"奥普拉提到得很频繁，奥普拉认为，体重问题对于每个人都很重要。

　　关于这类节目，观众和记者们都记得奥普拉曾经在节目中推了一车的肥肉走过演播室，向人们展示自己的减肥成果。为了这个问题，她还设计了一个关于感情饮食的节目，邀请她的好朋友鲍勃·格林做嘉宾。

　　格林在谈及这种问题时十分强调锻炼和制订计划的重要性。奥普拉也曾说要在日记中记下自己的感受，这样可以一直控制自己暴饮暴食的倾向。

　　格林和奥普拉是很好的朋友，他们总会在节目中开一些无伤大雅的玩笑。

　　有的时候，奥普拉请来的嘉宾也会做一些评价来突出自己的无拘无束。虽然较其他的节目少了哗众取宠的成分，但是这并不意味着没有，还是有很多不尽如人意的方面被观众和业界人士所批判。

　　在很多乏味的或者是有意义的话题中，奥普拉的节目里总是能让人看到不同寻常的坦白和忏悔，这是很不容易的。

这期节目表现出了奥普拉的很多个性，她向嘉宾展示自己减肥前后的对比、隐私比如告白，奥普拉的魅力 之一来源于她在电视机前是一个真实的自己。

奥普拉在主持风格上一直有争议，有的人喜欢她的即兴发挥，不用演讲稿，能给人一种耳目一新的感觉，总是那样的无拘无束，让人觉得自然亲切。

这种演讲方式让她失去了当年在巴尔的摩做新闻播音员的职业，但是这样的风格却使她成了芝加哥白天访谈节目的优秀主持人。

虽然很多文章都谈及了这位访谈节目主持人的主持风格，但是说到那种极致的自我表达和表白的冲动，一些记者仍旧觉得这些显得很刻意，旨在创造一种真实感。

甚至说奥普拉的所有文化和评价都像是精心准备的，不像是自然的反应。

虽然面对这些质疑是痛苦的，但是奥普拉仍坚持做自己。

虽然有人质疑奥普拉，但她还是有许多支持者，记者马西娅·安·吉莱斯皮就站出来为奥普拉辩护说，她不是一直都处于那种轻松愉快的状态的，她的谈话中更没有什么所谓的废话。可尽管如此，还是抵不住批评的热潮，还是有人说奥普拉是个"骗子艺术家"来质疑她的情感真实性。

有一位叫德博拉·坦嫩的男女语言模式问题方面的专家，他评价奥普拉的"亲切谈话"就是一种女性典型的谈话模式，实际上访问节目的自由度是很小的。

有观众认为就像《首都帮》（Capital Gang）这样的节目简直就是毫无存在的意义，没什么价值。

但是《华盛顿人》一篇关于罗伯特·诺瓦克的传略说道，诺瓦克在公共场合所显示出的暴躁脾气总是会不同于平时的个性，会在问题上表现出挑衅性的立场，其目的居然就是想要挑起那些持自由主义观点的人们的愤怒和反对。

这种做法对于观众来说是很新鲜的、很具有吸引力的，没有演讲稿的奥普拉可以用那种轻松幽默的语气来和大家聊天，而不是局限于固定的语言模式中。

2. 五花八门的话题

在一期关于战争问题的节目中，奥普拉甚至用调侃的语气来缓解现场尴尬的气氛："你们的性生活感觉非常好，在床上滚来滚去，感觉美极了，第二天你却发现他仍然是个傻瓜。"

她的语言让人感觉舒服，而不刻意恶俗，有时候的一些暗示还带给观众一些别样的感受。

在一期关于变性的节目中，她让嘉宾简单地介绍了已经成功的变性手术等等匪夷所思的事情。

她边哼着歌边说着："是的，我们没有香蕉。"演讲稿上会有这些内容吗？可能这是给质疑的人的最好证据，但是强词夺理的人仍旧不会死心。

在《周六晚上直播》节目里，就做过这样一个令人难以忘怀的话题，借由奥普拉采访第一夫人的那张图片，节目组用来讽刺奥普拉和一部戏剧的标题，这令观众都大跌眼镜。

奥普拉在自己的节目中经常会自嘲来达到节目应有的效果，但这也足以见得她的随机应变以及那份幽默。

一次在节目中，奥普拉做了一期关于时装的主题，像是那时候流行的豹纹、超短裙、毛衣等等元素。

奥普拉就拿自己的身材自嘲一番，说如果自己穿上这些会怎样，看见了那些身材苗条的模特，自己也会扮个丑脸来自嘲。看到哪个模特的身材特别性感时，她也会假装天真地问问别人："她是怎么做到这样的？"

但是，奥普拉确实是很喜欢漂亮衣服。从她这些年的着装上就不难发现。观众们深有感触的或许是她的那期节目，整整一个小时的节目都是关于著名的服装设计师唐娜·卡伦。

卡伦是很受大家喜爱的设计师，她很懂时尚，也很会打扮，所以她的衣橱里就少不了一些名贵的衣服，当然这些不是观看这期节目的人都买得起的，但是即使这样，大家也都非常喜欢这期节目。

唐娜·卡伦不仅是个知名设计师，她同样也是一位慈善家，这也是奥普拉请她来做嘉宾的一个原因。

还有一期节目——"看起来漂亮"，这个主题的名字看起来很轻松愉快，但是实际上却是在讲每位嘉宾所面对的一个问题，就是财富与虚荣。请来的嘉宾都是在这方面体会非常深的。

第一位嘉宾是位电视新闻记者，说到喜欢自己的头发不惜花大价钱来让它变得柔顺、美丽、健康，可是不幸的是她得了癌症，头发因为做化疗变得一根不剩，所以只好戴上假发。

她是重症病人，但是自己还活着，这一点比一头美丽的秀发重要得多。所以在生活中，包括在节目中都不会再戴假发了。

第二位嘉宾讲述了自己的遭遇，为了丈夫可以永远待在自己的身边，她去做了一次又一次的整形手术，但是后来是人财两空，自己还落得个浑身疼痛的悲惨下场。

第三位嘉宾讲述了自己因为崇拜太阳而变成一位深受黑色毒瘤侵害的病人，不仅毁了面庞，还落了一口病态的牙齿。

第四位嘉宾是位黑人女性，从小因为白化病而受了不少的苦，但是凭借自身的努力上了大学，大家也就慢慢地接受了她。再以后做了教师，找到了自身的价值。

这期节目其实也像以往的节目一样，在讨论大家关注的问题，可是这样的切身感触呈现在大家眼前，隐藏在摆脱虚荣背后的那些关于伦理道德的问题引人深思。

电视节目对美国人日常文化的影响，有很多文章和专家都曾经评价过。那些评论、文章和所谓的书籍观点也都是大同小异。

电视节目在美国人心目中有着塑造者的重要作用，所以大多电视节目在美国人心目中也成了形象标志者。当然，影响不仅仅局限在美国，在世界范围内，它也影响着人们的态度、行为、消费模式等等。

在大多数学者看来，那些在节目上介绍的某种产品或者是一些抚养孩子的方法都很具有商业价值，并不是空穴来风。

在奥普拉的节目中，每隔几分钟就会有广告插入，这些占据了节目的很多时间。最夸张的一期节目广告中包罗万象：汽车、减肥产品、动物食品、喷雾杀虫剂、快餐、洗碗机、奶油和果汁等等。

明星效应很普遍，这些商品有很大一部分都是因为明星受到大家的喜欢而得以热销。

奥普拉在一期主题为"春天奥普拉最喜欢的东西"的节目中穿上了一件绣花棉紧身上衣，并对其他18件物品大加称赞，被记者称为是"最佳广告"。

节目结束后，出售这件衣服的波士顿——普罗珀公司就接到了全国各地打来的电话。根据其母公司马克集团公司的统计，这家公司每分钟就可以销售出一件衣服。

另外一次在西尔维斯特·斯塔洛恩作为嘉宾出席活动的时候，奥普拉就说过，相比那些在爱尔兰买来的亚麻床单，自己更加喜欢"T恤型床单"，还有法国农村里的老太太制作的很多东西。

结果播出节目的第二天，芝加哥就上演了抢购这些东西的画面，当然，销售这些东西的沙比——齐克商店也因此赚取了极大的利润。

通过这些事情，一些细心的公司开始发现，女性不仅仅关注电视上的那些广告，更加喜欢奥普拉推荐过的一些商品和物件。

奥普拉对于美国的销售具有极大的影响力。正像保罗·奥厄斯在自己的文章中总结的那样："奥普拉穿什么，观众就会买什么。"

一个很具有代表性的例子，一次奥普拉在节目中推荐了一款文胸，棕榈滩的女性在节目播出后进行了疯狂抢购。

还有一次奥普拉提醒大家有一种据说能提高女性性冲动的药物，紧接着，马里兰州一家订制药品的小药店就很意外地接到了很多的订制电话。

各种各样的商品，都会得到奥普拉的青睐。但是不论什么产品，得到了赏识后都会对销售上的这种"奥普拉现象"大加赞扬。

西蒙——舒斯特公司一家分公司的经理就说过，这是观众们对奥普拉的一种很强烈的信任感。他们会完全地按照奥普拉的意见去做很多事情，当然包括了购物。奥普拉一直在创造着市场。

奥普拉的节目中总是会有这些"广告"的因素存在。另外有一期节目是由《回到餐桌》的作者，也是奥普拉现在的厨师阿特·史密斯在广播厅表演厨艺。

看着自己的厨师在表演精湛的厨艺，奥普拉也在演播厅里走来走去，并且说着自己喜欢的马铃薯，说相比甜食，马铃薯就是她的最爱。也为一家叫"箱与桶"的连锁商店做了很充分的广告。其实在介绍价格时，奥普拉会刻意地回避一些，总会说希望可以打折之类的。

当然，一定会有对这种社会现象，也就是奥普拉的推荐持有质疑的人。

3. 光影中的点滴故事

一位被哈普公司解雇的员工就是因为对这件事情不满而遭到了非议。她在网络上发表了一篇长篇大论，她说奥普拉做的每件事情都被她控制，有极其严重的商业化，都是在为她自己服务。

这位作者叫伊丽莎白·科迪，曾经是《奥普拉·温弗里》节目的高级助理制片人，她还说了奥普拉与很多公司和网络包括出版社都有很多联系，包括那些报酬协会也有很大一部分少不了她的身影，她本身的存在就是"世界级大骗子"。

奥普拉之所以会有这么多的观众，就是因为光凭借自己的名字，她就会有很多的追随者去买她介绍的商品。

科迪写这篇文章主要是想要通过这种形式来告知大家"真

相"，也想要通过群众的力量来抗议终生不允许雇员撰写或谈论奥普拉的保密协议。

她说自己想写一本书来曝光奥普拉公司的运作问题，但是法庭仍旧支持保密协议的效力。

其实相比数百万的支持者来说，这些反对的意见是微不足道的。一本名字为《大家都喜欢奥普拉》的书中，就提及了很多反对奥普拉、对她不满的记者的名字。

其中一位叫贝德纳斯基，是《芝加哥太阳时报》的记者。在1986年的时候，他就曾指责过奥普拉在性问题上没有道德意识，对那些重要的伦理道德也有视而不见之嫌。

但是奥普拉的很多行动和参加的活动似乎都与贝德纳斯基所谓的"不关心社会问题"大相径庭。对于奥普拉，大家的一个印象就是她做了不少的好事。这本书里也引用了很多其他人士的否定意见。

比如《间谍》杂志上的一篇比尔·齐默撰写的文章就曾表达了自己对奥普拉的看法，他不喜欢她的语言和利用著名人物的名字来达到节目效果的做法。

他还感觉与她一起共事的人都有些阿谀奉承，他甚至嘲笑了奥普拉的容貌。这点很多记者都曾做过，他们似乎很久以前就发现了奥普拉的很多弱点。

这个事实就证明了为什么总会有很多公司要进行不断的民意调查，并不仅仅是消费者的品位一直在变化。

既然是这样，也就不会再奇怪那些销售背后的利润问题，当然，一部分是访谈节目，另一部分就是品牌效应。

大多数对通俗文化的研究结果向人们展示了一个事实，那就是电视破坏了美国人的生活与文化的多样性。每一期节目，不论是什么主题或是嘉宾，它根本的结构和价值观都是以关注于中产阶级生活为主。

所以，所有的问题都需要通过这些符合中产阶级的价值观和世界观去解决。借用巴巴拉·埃伦里奇的一句话就是"中产阶级关于责任、理智与自制的价值观"。

这些都基于"娱乐"这张面具盾牌之下。当然，所有的访谈节目的观众都是不同的，但是奥普拉的节目的观众80%都是白人，也是所谓的中产阶级的女性。

他们都想听听其他人的烦恼和心事，即使这些来上节目的嘉宾也都是来自各个阶层和社会。

根据研究表明，听见其他人在讲述自己的烦恼时，大家都有一种小小的欣慰和满足感，不论这种烦恼他们有没有。有的话就是有人在分担自己的烦恼，没有的话就是还有人比自己更加烦恼，心中会油然而生一种温暖。

这虽然是一种相对来说略显邪恶和不健康的心理状态，但是在某种程度上也是一种心理宣泄，对于生活节奏如此之快的人们来说也是很有必要的。

从很多层面上说，这就像是某种推理或者犯罪小说似的，对很多读者的吸引力不可估量。虽然一些恐怖情节和镜头是善良的人难以接受的，但是却非常刺激有趣,这些人可以在不参与其中的情况下获得某种经验。

娱乐圈与媒体相互依存，那些言辞激烈的人士认为，在白天播出的电视节目有两个相反的特点：一个就是会话式的，在普通的语言中将叙述的东西放大再进行操控，主要突出容易为大家接受的观点和看法，而不是对那些行为的多样性进行探索；而另一种方式与前者截然不同，像是一种卫星街头报纸一样，采用很呆板的形式，再加之哗众取宠的主持方式来将这些无用的信息都单一化、简单化。遇到复杂的问题就会将其加入"水分"，然后三下五除二地解决。

因为电视节目的时间是有规定的，所以关于很多社会问题，像是性虐待、暴力或者是贫穷等，就会被塑造成像要为其找到解决办法似的进行宣传，然后将其编写成为一部具有引子和剧情以及结局的"三部曲"。

就这样，像是作秀一般被编排成了"戏剧"。而在这样一部戏剧里，把那些没有营养的小广告去掉，问题就将被提出并且加深讨论和戏剧化，以此来吸引观众们的目光。

白天档的电视节目观看人数较多，所以为了吸引观众的眼球，这些制片人也会将这些电视节目拍得像是微电影一般，增加节目的故事性，以此来讨得大众的喜爱。

节目中的很多事情都像是从前发生过一样，但事实上，镜头下的故事和实际生活还是会有一些差异的，也会有一些镜头的放大和缩小、加速放映以及减速。拼接成一幕幕相关的片段。

通过镜头变化、照明和布景、声音效果和音乐、变焦镜头等等的手段，并不是什么不可能的。将这些拼接成的片段再重组，还会成为另一组镜头故事。

白天与晚上两个时间段的电视节目情况是不同的，一般的白天节目都不会请明星和学者，大多数是普通人。

晚上则会多邀请专家而不是平凡人，很多的晚间节目除了那些喜剧演员，剩余的都是些关于政治或者经济方面的相关人士。

正因为白天的节目是面向大多数普通人的，而不是专家的专场，所以受到了许多普通大众的青睐。这是更加人性化和感情化的节目，也正是观众们喜欢看到的。

作为白天节目的主持人，他们很少一开场就露面，但还是会被制片人置于前台，制片人也大多是女性，因为她们心思会更加细腻，所以她们会找到更加吸引人的话题。

4. 直播厅里的故事

实际上，埃伦里奇认为许多故事的情节都比较类似。所以为了吸引观众的目光，她们总是到处找不同的故事和个性，甚至是相貌，最后播出的节目会给观众们更多的启示。

其实这种节目在表面看来很单一性，但是却是刻意营造的氛围，然而这也不是很重要，因为很少有观众会去深究这些问题。

那些来到白天访谈节目的普通人，都会在节目录制以前总结一些经验，制片人也会和制作团队采用讲述的方式来引导那些嘉宾，像是在拍摄电影的导演一样，将演员的最大表现潜能挖掘出来，并且又要让嘉宾们有自己的发挥空间。

和晚间节目中的专家不同，这些平民们没有那种收放自如的感觉能为，这些非专家的人士会被制片人鼓励用肢体语言和神情来帮助自己表达内心的感受，这样他就会在直播厅中被更多的人聆听。

为了避免错误的出现，制片人都会要提前请来嘉宾制作和审视背景的布置，也会让他们将图片影像、资料等等证据认真确认、检查。

在节目播出以前，对嘉宾的服装、发型和妆容的检查和修饰也必不可少。

有很多人不喜欢访谈节目，认为这些没有什么意义。但是访谈节目的忠实粉丝却说，这些电视节目会给自己的生活带来很多的乐趣，有时也会收获一些领悟。

因为访谈节目更多的人知道了奥普拉，也十分喜欢她，对她感到亲切和敬佩。提起她的时候人们会常常说到她所做的一些好事，还有她主持的趣闻。

那些每天都在观看她节目的人在提及她的时候，也会像提到一位关系很好的老朋友那样温和。

哈普公司的前制作人科迪是这样说："当奥普拉走进直播间时，他们大声叫着，当她对着他们讲话时，他们激动得眼泪都流了出来。"他们都渴望和奥普拉交流。虽然科迪在以后的日子里和奥普拉有着不小的冲突，但是他却不得不承认奥普拉的人气真是非常的高。

还有一位在节目中说出自己受伤经历的嘉宾在节目录制后被奥普拉拉到后台与他拥抱。其实白天节目的主持人都会努力地营造出一种温馨静谧的氛围来感化观众和嘉宾。

奥普拉常常会坐下来和嘉宾们聊聊天，虽然是随意的，但是利用这些时间和机会与人交谈，也体现了奥普拉亲和与不分阶层的优秀品格。

大多数的精英作家都会感觉访谈节目很猥琐，总是会讲到令人难以启齿的事情，但是他们没有注意到，这些或许不是节目主题本身的问题。

作为记者的巴巴拉·埃伦里奇也对这些被邀请过的嘉宾做了调查。她认为，来到这里的人都被剥夺了爱、尊敬和希望，而这些也恰恰是他们愿意来发掘的生命中非常宝贵的东西。

她宣称，他们的家是"移动式住房和租来的"。其实很多人都是收入低微的平民或贫困人士，他们可能是在靠福利和仅有的微薄收入来维持自己的温饱，更是没有多余的经济实力来支付其他的，比如娱乐。

但是不论他们处境是怎么样的，他们都成了娱乐的展览品。

还有一位作家也说，嘉宾答应了来到这样的访谈节目，就说明已经接受了自己被侮辱的事实。而观众在家中看电视的同时就好像是在访问贫民窟一样。

《纽约时报》的记者对这些节目也表现出了极大的轻蔑。珍妮特·梅斯林称这些节目是"垃圾马拉松"。安娜·昆德勒更是将这些节目比作是晾干的脏衣服和对黑夜的揭露。

但是无论褒贬如何，电视始终只是一种产业，按照辛迪加模式来看待整个行业的模式问题，观众是作为商品必须要卖给广告商的，而这些做广告的也必须将自己的产品推向市场。

所以，按照这个模式分析的话，导演以及制作人就会开始推出与其他电视节目不同类型的新鲜话题以及形式。

节目要面对社会问题，而不是新闻，这些是主要反映个人问题以及国内事件的节目形式，即使有的时候会超出观众们的想象和理解范围，但是这些问题仍旧会吸引很多的观众以及追随者。

访谈节目的主要内容也大多是以传统和道德说教等等规矩的形式展开的，奥普拉·温弗里的节目也不例外。

想要进入奥普拉的节目相当难，很多嘉宾都要在节目开播前几个月就提前排队买进场券。

到了演播厅也不是随便就能当上嘉宾的，原因很简单，一些服装颜色在电视节目播出的时候效果很不好，所以进入摄影棚的嘉宾被要求不可以穿浅褐色或白色的衣服，除此之外有制作人还要求嘉宾有多重背景，以便在节目的录制中起到积极的作用。

凯思林·怀特博尼是为《太阳哨兵报》提供稿子的签约记者，她曾经就描述过参加奥普拉节目的一些故事细节。首先是在哈普公司的综合大楼的入口进行安检，检查得很细致，手袋、还要拆看照相机和手机，等待被允许进入演播厅的指示。

当然，这时候的客人可以随意地参观这里，一间不算大的礼品商店就成了最吸引人的地方，但是这里却没有什么关于奥普拉的纪念品。

令人有些失望的就是，本以为热情好客的奥普拉会赠送些小礼物，但却只在每张桌子上发现了一盒纸巾，怀特博尼也讽刺地讲到，这其实是为了来宾动情哭泣的时候拿来应急的。

在节目将要开始的时候，除了一些嘉宾，一部分观众也要进行培训，这是因为在节目的录制过程中他们也将有机会进入镜头。

虽然在摄影棚内的所有观众都将通过鼓掌、提问题或者是表现出极大的热情来表达内心的感受，但是灯光还是打向了那些特殊的人。每次节目开始以前都会有一个活跃现场气氛的过程，接着节目主持人才会真正亮相。

评论家们对这些访谈节目观察了一段时间，就了解了其大致的构架。一位名为吉恩·沙特克的作家将访谈节目分为了7个部分，这7个部分形成了一种模式，甚至连每个部分所占用节目播放的时间都算了出来。

当然，第一个部分应该是最长的，而最后一个部分也应该是最短的。第一部分都是由主持人来介绍本期的主题、涉及的内容和嘉宾，大约需要13～17分钟，这个时间段里，主持人就要作为倾听者来听嘉宾的诉说。

第二个部分是在主持人和观众们的集体参与下完成的，有问题出现时，大家可以谈谈自己的一些相似的经历，这段时间差不多是6～9分钟。

第三部分则是给不同意见的观众4～6分钟的时间来提供置疑，如果有专家在的话就会给不同意见的人提供更加全面可靠的信息。

而第四个部分就是会有观众向专家提问，大约是3～6分钟，这个时候，其他的观众也可以参与其中，也可以是主持人作为一个讲述者而不是倾听者来讲述自己的故事或者是经历。

当问题得到了解决的时候，这也就是所谓的第五个部分，大约也就2～5分钟。

在节目时间安排好的同时，主持人就会和专家站在一起，观众的意见可能不会是统一的，这也就有了第六部分，就是找寻可能的解决方案或者答案。

最后的第七个部分就是最后一部分，是在30秒到2分钟的时间内结束的，这时候的专家或者是主持人，抑或是观众的回答和结论一定会是积极的。

节目的时间安排一直很有规律，能够很好地把握节目的脉搏，并且紧紧地抓住观众的心，所以奥普拉的成功绝不是偶然的。

第六章　书和更多的书

1. 来自社会各界的声音

像这样每天都要与大家见面的节目总是一录制就是几个星期，这样做就是为了方便节目的制作或者播出，而且方便制片剪辑，这样就会决定哪些节目内容是需要播出的。

除去那些及时的新闻制作或者是观众们对这些问题的一些反映情况，一般大多数观众是不会在乎这些节目是否是事先做了安排或者准备的。

虽然有人会怀疑奥普拉的真诚，而且还会讽刺她是一位十足的演员，但是在大多数观众的眼睛里，都会将这些看作是自然流露出的感情。

他们会赞赏奥普拉的好口才和即兴发挥的能力，大家都无比地信任奥普拉。

每周5天的时间里，奥普拉都会和不同的人打交道。这里包括电影明星、舞台演员、歌手、舞蹈家、工程师、作者以及很多世界级的名人。

1993年2月份，奥普拉对迈克尔·杰克逊长达90分钟的采访就获得了极高的关注，那天的收视人数达到了9000万人；还有对麦当娜和奥林匹克滑冰冠军奥克萨娜·拜尤尔的采访。

在节目中，就饮酒这个问题，大家还出现了不同的意见，拜尤尔是俄罗斯人，在某种程度上，她是支持饮酒甚至是酗酒的。

然而，奥普拉也不会对所有人都坦诚相见，不是与所有人都会交流得那般无障碍。她曾经就拒绝过对丹尼尔·罗德曼的采访，原因是他最近出版的那本书中曾说到奥普拉与她的节目低俗。

奥普拉的节目不仅仅邀请名人，有很大比例的嘉宾都来自平凡的工作岗位。

有一期节目奥普拉邀请了一位敲钟人，在过去的几十年时间里，他从未离开过自己的岗位。

还有一次，奥普拉在芝加哥全城范围内玩了一次约会游戏。安排了一位东哥伦比亚的独身女性还有另一位克利夫兰的未婚男电视评论员两个人参与约会。

还有一次是让一位平凡的普通男士去试着做一位政党领袖，这是个疯狂的决定。

这期节目中，奥普拉教给这位男子的方式让他解决了基本的国家问题，再后来，奥普拉还让他去对付恐怖袭击的问题，而扮演恐怖对象的居然是一个仅有9岁的小男孩。

其实关于暴力这一话题，早就是奥普拉的心病。在奥普拉的心中，也早从个人的问题变为了社会性的问题，奥普拉的各个角色扮演中到处都充斥着这些问题，包括电影事业、杂志和她自己的节目。

在1992年的马丁·路德·金诞辰纪念日上，奥普拉宣布了她在未来的一年中的13件相关事宜的安排，也讲述了"1992年种族主义论坛"的成立情况。

就在奥普拉宣布这个消息不久后，一位名叫罗德尼·金的黑人就遭受到了警方的残酷殴打，原因仅仅是交通事故。

这件事情在大家看来并不是偶然的，因而引起了洛杉矶的暴乱。奥普拉之后就这件事情进行了两期节目的录制，与此同时也邀请了各类型、各阶级不同观点的人来参加讨论。

讨论的内容也是关于当时的种族问题和法律体系制度的完善问题。所以由这件事情开始，那年的2月到11月里，奥普拉的节目中就充斥着各种各样的暴力问题，从种族的利益到仇恨，还包括了美籍日本人和美国人之间的抵制问题。

很快就有记者和作家发现，其实奥普拉的观众有大多数是白人，但是她却仍旧是最受欢迎的黑人主播。

即使她的节目中涉及了很多种族冲突问题，还有黑人在未来的艺术和教育等众多领域的问题，但是这些丝毫没有影响她在白人心目中的地位。

其实这些对于黑人来说是一件极为重要的事情，这也就是说奥普拉在黑人和白人这两个曾经水火不容的人种之间起到了重要的桥梁作用。当然也会有人指责她在节目中的经济利益导向问题，节目在某种程度上必须持有中立的态度，但是奥普拉却勇敢地做了自己想做的事情。

奥普拉没有在节目中持中立的立场，但是尽管大家都说了自己与他人不相同，却始终会达成一致的观点，都认为种族主义确实不受大家欢迎。

奥普拉在这个问题上的观点有些与众不同，也让人有些耳目一新。在她看来，缺乏自尊是导致世界上一切问题的根本原因。

有很多学者反对她的意见，但是奥普拉却坚持着自己的观点，那就是种族主义者都是无知怯懦的，他们必须要改变自己的观点和与生俱来的偏见，否则这种种族主义色彩就会一代代地传递下去。

或许奥普拉会在一定程度上用带有一些种族色彩的语言来讲话，但是她也是在愤怒解决不了任何问题的情况下才会口不择言。

奥普拉建议这些具有种族偏见的人要从认识上放下这些偏见，改变他们的态度。可是，她没有发现，其实自己的观点是有一些太过于主观化和太理想化了。

曾经有一位黑人对奥普拉的节目和她说的话发出了很大的异议："听着，奥普拉，当你制作完节目，你会回到你奢华的豪宅，而我们回到家中却十分清贫，空空的冰箱、哭泣的孩子，没有尿布，没有工作，人和人之间是很不一样的。"

实际上，奥普拉是没有办法解决这些政治上和经济上的不平等问题的。

这也是贾尼斯·佩克在长篇报告《文化批判》中所说的，其实每当这样的场景出现时，奥普拉就会转向下一个发言者或者是经纪人，她不会再纠结这样的事情。

2. 暗处的攻击

奥普拉的节目也会时常地涉及很多媒体所关注的问题，与她所关注的冲突事件相类似。目前DNA检测已经不再是什么神秘的事情，可以面向广大的人群为他们做一些检测。

奥普拉的节目中就牵涉到这样一件用DNA检测来辨别孩子归属问题的事情，刚开始有一些观众会有很大的抵触情绪，也有一大部分观众会对这样的结果感到十分满意，感到很公正。

曾有一对夫妇一直抚养着一个8岁的孩子，当孩子的母亲死后，一个陌生人走进了他们的家中，说这个孩子是他的，原因是他曾经与孩子的母亲发生过性关系。

还有一个故事是在DNA的检测技术还没有被使用的时候，一位年轻的士兵在越南战场上坠机身亡了，当然，面对这具烧焦后的身躯，辨别身份就成了头等问题。

待DNA技术成熟应用后，就将这位士兵的坟墓打开，取其DNA和其母亲的进行对比，也就断定了这个人的身份。还有一位女士也是通过DNA技术指认出了在六年半以前曾经强奸过她的人。

这些健康的话题给予了奥普拉很多的灵感，特别是在她经历过自己童年的很多事情后，现身说法永远是很有说服力的。

就像如今，大概全世界都知道了她的健康状况和她对更年期的认识。她从否认到承认接受还曾经引起了极大的讨论热潮。

绝大多数医生是很欣赏用这种面向大众的媒体方式来宣传关于健康问题知识的，但是一些科学家却认为这是在打商业广告。

他们总是在推荐各个制药公司和某某品牌的药物还有设备等等五花八门的东西，但是奥普拉在节目播出后却引起极大的反响，奥普拉的邮箱也被塞得满满的。观众们都想知道关于这些问题更加详细的细节。

奥普拉也在2002年播出过一期节目名叫《曾经的悲伤》，这是一个与众不同的关于健康的问题的探讨。她讲述了这样一个事件：一个年轻的母亲杀死了自己的孩子。

其实类似的事情也在电视节目上播出过，主持人也跟这些当事人的家属讨论和分析了很多原因。奥普拉也就这样的节目讨论了很多类似的故事情节。

这也形成了她节目的一些固定模式，就像这样子：先是一段录像片段，然后就是一些证人的证词和专家的建议以及一些统计的数字。

在这方面节目比其他的媒体提供了更多精准的信息。而且风格方面也是各有不同的。一些访谈节目常常会将这些沉重的话题变得十分轻松，这也是这些节目必需的模式。

奥普拉的节目模式中也有专家解释了关于更年期的心理问题和相关问题。每天也会有200多个孩子因为精神不正常而犯罪，专家也在警告大家要注意这些不寻常的病例，尽快地将这些安全隐患排除。

这种节目具有极高的教育意义，也常常会用一些技巧和方式来调动观众们的情绪。

在节目中播放被杀掉的儿童的照片，还有那些守夜的蜡烛就会唤起大家心中的共鸣，但是有的时候，一些非常夸张的手法掩盖了对大家的警告。

就像是一位母亲溺死了自己和孩子，然后就会将镜头切换到父亲在孩子的坟前痛哭的画面，这些镜头都是能引起观众共鸣而极具感染力的。

节目的氛围不会总是停留在悲伤上，这就违背了大家想要的欢乐的气氛。大多数时间的主调还是快乐温馨的。

比如在情人节那天，探讨的主题主要是夫妻之间谁付出的比较多，参加节目的少数人还获得了奖品。

还有一期节目中，有一位丈夫很贫穷，就连订婚戒指都买不起，可是妻子仍旧坚持嫁给了他，听到这里，奥普拉就决定赠送给他一枚两克拉的戒指作为对他们的祝福见证。

还有一位男子用尽了自己所有的积蓄娶了一位有5个孩子的女

子为妻，奥普拉就送给了他一辆价值两万美元的自行车。

一对在二战时结婚，一直到现在仍甜蜜生活在一起的80多岁的夫妇，婚礼只有在战争时期的一个简单的仪式，而到了60多年后的今天，奥普拉为他们举行了第二次婚礼。

当镜头扫到观众席上时，没有人不为这对夫妻而感动。奥普拉也说这枚戒指真是"非常美丽"！奥普拉的节目会有很多的广告赞助商，而敬业的奥普拉也会从始至终一直提及这些赞助商。

收视率的高低取决于话题的吸引力和明星的加盟，当然，也决定于主持人的能力。所以，就有了《奥普拉·温弗里》节目火爆的收视率。

奥普拉的节目很有时效性。2001年9月11日，恐怖分子空袭了世贸大厦和华盛顿的五角大楼。

这是美国乃至全世界重大的灾难，在这个时段内，奥普拉的节目采用了不同的制作方式来讨论这件事情的影响以及后果。

除了这些大家都曾见到的，奥普拉还参加了不少爱国主义活动，这些都是和节目没有关系的，也就是说奥普拉并不是在作秀，她是真真切切地在关心着国家。

在"9·11"后的第17天，奥普拉的节目中就有中东问题的一些专家人士来做讨论互动，这些人包括主管外交事务的参议员约瑟夫·拜登，还有《纽约时报》的作者朱迪思·米勒。

那几期节目的观众都带着极度的悲伤和哀恸。美国国旗和自由女神像还有那些伤感的歌曲都将节目的氛围笼上了浓浓的哀伤。

在25日那天，心理学家菲尔·麦格劳博士与观众进行了交流，他分析了那些恐怖袭击所带来的恐慌和愤怒，也教给了人们在极度慌乱的状态下如何摆脱沉重的思想包袱。

在接下来的又一期节目中，菲尔·麦格劳博士还与一位在恐怖袭击中失去家人的朋友见了面，他讲述了这位朋友的现状，可能这种分析也适用于各种危机中。

他还总结了悲伤的四个程度，那就是震惊、伤感、愤怒和决心。

作为心理学家的菲尔·麦格劳劝告大家要将精力集中在生活中，而不是扣什么高帽子，想一些不切实际的人生目标，他反对所谓的"时间可以治愈一切"。

其实时间也改变不了什么，也治愈不了什么，他只能将自己的悲伤深深地掩埋，因为人性中都有趋利避害的特征，所以总是会避开伤害自己的思绪，可是一旦有什么触发点，悲伤就会像洪流一般翻滚而上，将心房填满。

但是，大家不要去一味地伤感，毕竟逝者已逝，活着的人仍需要好好生活，大家不要悲伤过度，更不要有绝望轻生的念头。

这时候，奥普拉也会插上一句安慰的话："失去一个亲人我们会迎来一个天使。"菲尔·麦格劳博士接着她的话将观众们的情绪慢慢平复。

悲伤往往于事无补，人们只有从悲伤中走出来才会拥有更加美好的明天。

3. 音乐是一种有灵魂的艺术

音乐是一种有灵魂的艺术，因为它有着治愈人心的力量。这也是奥普拉一直以来的一种信念，奥普拉一直以来都十分喜欢音乐，她说自己在骑自行车时都会哼着音乐。

所以，在那次灾难之后，奥普拉便开始了《音乐抚慰我们的心灵》这个节目。

她以独特的脱口秀的方式将观众引入到音乐氛围中去，观众们可以通过不同的音乐主题来表达自己的情绪。

在节目中的那个名叫萨姆·哈里斯的白人歌手在翻唱《亲爱主》（Precious Lord）和《你永远不会独行》（You'll Never Walk Alone）的时候，奥普拉被感动到想哭泣。

接下来的时间又回到了主题上，一首轻松的《多难之桥》(Bridge over Troubled Waters)缓缓进入大家的脑海，在这首歌曲后，奥普拉又将她深刻的宗教理解分享给大家。

这样的节目之所以热播并非巧合，因为节目里请来的嘉宾有的时候会给节目增加一部分的收视率。

就像那期的女歌唱家德尼斯·格雷夫斯，在接到奥普拉的节目通知时，将自己在国家大教堂的演出整整提前了一个星期。

在节目录制的最后，德尼斯·格雷夫斯在唱节目中的最后一首歌曲时，奥普拉示意观众们都站起来，因为歌曲的名字就叫作《起立》。

就这样，节目的录制在一片温馨的氛围、在祈祷和祝福声中即将结束，这时奥普拉走到观众席中和大家一起拍手唱起了："向消防队员和那些前赴后继的英雄们致敬！"

一幅在纽约救人的消防队员的照片就慢慢地落下来，在奥普拉多如灿星的节目中，这应该是最为明亮的星星之一了。

除了热爱音乐，奥普拉也热爱旅行，她喜欢欣赏不同的风景来放松心情。从2001年起，奥普拉会每两年光顾一次"过最好的生活"旅行社。在她的人生规划中，她非常希望将这个爱好坚持下去，哪怕是到50岁以后，也要自由行走。

2003年的夏天，奥普拉带着她最爱的两只狗狗到了费城，这也是那次旅行的最后一站。在这里，奥普拉为将近2700名女性朋友做了一次现场节目。

戴维·希尔特布兰德是《费城调查报》的记者，他说，奥普拉就像是亚马逊女王，当她从豪华轿车里走出来慢慢走向讲台时，所有的观众都抑制不住自己兴奋的心情在高声欢呼。

尽管现场入门的场票需要185美元，而且在黑市上的可能会更加贵，但是大多数的观众仍旧会认为非常值得，甚至物超所值。

希尔特布兰德也解释说，这种现象的由来是观众们想要得到一场富有激情的聚会和一个自我解脱的课堂，而奥普拉也常常会将这些工作奉为使命来做。

奥普拉真不愧是女性心目中"最亲切的朋友"。

这些旅行中的节目，其组织方式都与她的节目非常相似，参与节目的人在节目录制前都不会知道主题或者是内容，他们更不被允许和明星合影，也不被允许用麦克风讲话，完全是很有纪律很有组织的活动。

在某期早间节目的两个小时里，奥普拉讲述了从密西西比州祖母的农场一直到2002年的圣诞节的非洲之旅，她的言语间多少有些辛酸。

希尔特布兰德也曾在自己的文章中写到，奥普拉那时的生活十分艰辛，每天只顾得上为衣食住行发愁，没有什么空间令她有其他的享受。

在下午的两个小时节目中，奥普拉也找到了话题，那就是婚姻、疾病、减肥等等，现场的来宾很有秩序地展开了讨论，这是现场直播，所以大家都显得很有秩序，也是因为相互理解。

直播非常成功，观众们也非常喜欢，有的人也从中受到了启发，被奥普拉的那句"冲出自己的小圈子去寻找自己灵魂中与众不同的命运"感动了。

在奥普拉的节目中，不仅仅是观众得到了精神收获，也成就了很多名人以及事业单位等等，心理学家菲尔·麦格劳博士就是一个非常典型的例子。

菲尔很多年例行在奥普拉的节目中出现，也最终和金氏兄弟制片公司签约，成为金氏旗下的又一员猛将。还在奥普拉和公司的帮助下于2002年9月16日创办了属于自己的节目。现在的菲尔与一个在达拉斯的朋友合伙成立了一家拥有数百万资产的咨询公司。

人们都非常亲切地叫他菲尔博士。有他参加的奥普拉节目也成了奥普拉进入芝加哥以来的收视率之最。

菲尔也曾在一些电视访谈节目中被其他节目主持人挑战过，像是乔伊斯博士和鲁思·威斯特海默博士，但是也有人觉得后两者的节目略显庸俗，胜负显而易见。

在没有遇见奥普拉以前，菲尔·麦格劳是居住在德克萨斯州的威希塔福市的一个普通人，与很多人一样，在一家公司上班，过着简单平淡的生活。

身为法律咨询公司的普通职员最终成了观众们深深喜爱的菲尔博士，除却他自身的努力之外，奥普拉也在其中起到很重要的作用。他曾这样描述："如果没有奥普拉，我现在仍然还在德克萨斯过着无名的生活。"

成名前的菲尔做过非常多的工作。直到四十多岁的他在中西州大学获得了博士学位后，他才跟随父亲开始了从事研究心理学的学术生涯。

同事们常常要往返于各个城市之间为人们进行心理治疗，但是不久后两个人就不再继续合作了，心理咨询的工作也就停止了，菲尔对心理学这样的学科失去了原有的兴趣，转行做了咨询的行业。

直到1996年，与奥普拉相遇后，他的命运发生了巨大的转变，那时的奥普拉深陷在德州的疯牛病的恼人官司中，奥普拉的律师向奥普拉推荐了菲尔，菲尔非常轻松地为她打赢了官司，也因此获得了奥普拉的欣赏。

两年以后，奥普拉的一期节目中，菲尔成了人生规划和社交领域的专家来到《奥普拉·温弗里》节目，成为固定的班底，并且很快得到了大众的喜欢和肯定，奥普拉更是称他是"言行举止的标准"。

很多与奥普拉合作过的人都得到了利益与名誉，而菲尔无疑是最受关注的一个。他很快成了畅销书的作者之一，在1999年出版的那本《人生的策略》中，他就提到了奥普拉的鼓励和提拔。

当奥普拉在节目中向观众们推荐这本书的时候，菲尔说，没有奥普拉的话就不会有这本书的出版，足以见得他对奥普拉的感激之情。

他用到了自己所能想到的夸张的词语来表达自己内心的感激，这就好像是很久以前人们评价杰克逊是"美国最耀眼的光辉和最清澈的嗓音"一般。

在书的简介中，他说到了当年的那场官司，也说奥普拉是这个世界上最有责任心的女性，而且也在书的第一章节中常常提到奥普拉的名字。

他也建议女性朋友们要模仿奥普拉的人生信条来为人处世，做到处变不惊，责任感会带给自己无上的荣耀感。

4. 菲尔博士的加入

菲尔博士在奥普拉的节目中参与最多的就是实事求是的话题。

在2001年9月10日的那期名叫"季度首要问题"的专题里，他们先是告知了每期节目的讨论主题，然后在15000名志愿申请者里选出了42名观众，其中包括黑人、白人、黄种人，不限性别和年龄。

他们都通过写信寄信的形式来提出自己想要咨询的心理问题。在这42个人里，有7个人被专门挑选出来制作节目，其他的35个人相比嘉宾更像是作为背景的古希腊合唱团。

为了方便观众们观看，在节目录制过程中常常会切换角度来进行背景的变换。但是在录影过程中，因为过程都很复杂无趣，所以有时候观众们会很烦躁，甚至还会发生剧烈的争吵和不愉快。

在接下来的5天里，讨论的过程相当激烈，但是菲尔却没有过多地参加讨论过程，并且回答大家的意见显得有些犀利。

尽管奥普拉提醒他要尽量客气地面对观众们的问题和意见，但是菲尔却认为如果太过客气并没有什么意义。

这样，在奥普拉建议的情况下，这15天的录制过程中没有说闲话的，没有戴着有色眼镜看待种族的，更没有性别上和年龄上的歧视。

这些也是保证大家理智地面对各种问题的一个重要前提。没有警卫管理的一群人必须要有秩序地完成为期5天的排练。

奥普拉将他们分为了很多小组，每个小组都有组长。每个人被要求讲述些日常生活中所经历的事情。菲尔博士在听过他们的表述后，表明了自己的立场，重点说明了容忍他人的重要性。

他说这个节目并不只是娱乐节目，重要的是从中悟出些什么来改变以后的人生。

这7位被选出来的幸运观众面临着不同的问题，烦恼多种多样：从以强欺弱、贪婪、离异、抛弃到抢劫、强奸、暴躁等等。

菲尔博士在节目中十分郑重地告诫各位观众要扔掉手中的烟，并且要去做那些有利于自己摆脱困境的事情对自己喊一句：警醒吧，去做个男子汉！

但是对于这些人，菲尔博士还总结出一点来劝告他们，那就是过去的始终已经过去了，要打起精神来继续向前走，而不是停滞不前，在原地打转，那就失去了很多观赏身后风景的机会。

对于那些有特殊问题的观众，奥普拉也会给予个别的帮助。总之，通过这个节目，有很多的人得到了启示，并且也将这项工作延伸到了节目以外的很多领域去。

结果终究是好的，这7个人开始学着重新和人接触，开始自己的新生活。

这个结局是大家都希望见到的，这些得到帮助的观众也向菲尔博士表示了自己内心的感激之情。而菲尔博士也因为大家的感谢而感到由衷的满足。

他开始觉得在人生的角色扮演中，自己成了一个了不起的人物，这个角色也是非常受欢迎的。

像以往那样，奥普拉在节目结束后向菲尔博士表示了祝贺并道了辛苦，也将最后的镜头留给了解决自己内心矛盾的观众，她为他们感到欣慰，因为他们已经突破了自己的心理桎梏，重新走上了新的道路，迎接美好的生活。

其实说起来，奥普拉和菲尔博士在主持风格上是完全不同的，这点观众们十分清楚。菲尔博士似乎更加放得开些，讲的话题也是没有什么好避讳的。

而奥普拉则不然，她在节目中一直很回避关于性爱的话题。她会尽量地注意到不要提及个人的隐私等等，但是一些记者和评论人却仍认为奥普拉在生活中有着乱伦等淫秽的想法和行为。

奥普拉说过，她会以坦诚的方式来讲述自己，她也会给观众提供更多的意见和评价，在很大程度上她扮演的角色就是个倾听者。

奥普拉在观众们的心里就是一个积极向上的形象，在某些方面甚至做到了很多政府都做不到的事情。这个评论甚至可以和人们最近对琼·迪恩的书相提并论，那就是"公正的观察和评论在当前已经是很少的了"。

奥普拉谈论很多话题的目的是为了向人们传播正确的思想和正能量，也想要获得大家的认同和正确的对待，但是仍有很多人对奥普拉的话语展开攻击。

一些人鸡蛋里挑骨头，就奥普拉的节目中关于窥阴癖的话题进行猛烈的抨击。当然，也只是那些追求完美的人才能看出这些节目的可贵之处。

这样特殊的话题只有在某些特定的情况下才能做到让人容易理解和接受而不是相对的反感。这也是菲尔博士这位心理学家的加入带来的好处。菲尔博士是位心理学家，这样看来，他还真是为奥普拉做了非常多的准备工作。

当然，菲尔博士是不可以没有幽默感的，他对任何的事情要是都一个表情或者只有批判和刻板的面孔的话就会被观众渐渐地讨厌。

所以，奥普拉在2003年的"过最好的日子"的旅途中，旅行到西雅图时常常会说"永远也不"来劝告那些总是绷着脸不苟言笑的观众。

第七章　书香人生：在精神世界里起舞

1. 领略书籍的魅力

收视率是对一个节目主持人能力的最好证明，为了提高收视率，电视台常常会"不择手段"。

奥普拉就想出这样一种方式，每个月搞一次电视读书俱乐部的活动，这是在当时非常别致的方式，也非常有效。因为这个方式，奥普拉的节目收视率又创了新高，其他的电台和电视节目也在纷纷效仿。

在节目中，奥普拉推荐给观众一本她曾经阅读过的书，而且也会将这本书的作者请到演播厅来介绍给观众朋友们。

就这样，有着不同的背景、不同的种族、不同的性别和阶层的人们就会通过电话和主持人、制作人一同讨论关于某本书籍。这个节目不定期地播放，但是除了夏季的每个月都会由奥普拉推荐给观众一本书来看。

在预告下期要讲述讨论的书籍时，奥普拉就会把参选的那些书籍放进几个大盒子里然后封装好后送到公共图书馆去，上面还有标签写着"不要打开直到……"的字样。

1996年，在很多烦人的广告结束后，读书俱乐部这个节目单元就正式地和大家见面了。米切尔德的《大洋深处》很幸运地成了奥普拉电视读书俱乐部的第一次节目的讨论书籍。

从开创以来一直到2002年4月份正式停播，无一例外，奥普拉推荐过的书籍都成了畅销书籍，出版社和作者也得到了巨大的利益。

美国的大大小小的书店都将奥普拉推荐过的书籍和即将推荐的书籍大量地购进，只等着顾客来光临。有的书籍只是作者出版的第一部作品，在奥普拉的节目中一经推荐，就立刻成了销量一百万册的畅销作品。

奥普拉的读书俱乐部为各个产业发展了赚钱的机会，有很多的书店和咖啡店接连举办了"奥普拉的选择"特别书籍展览活动。有的被推荐的书籍被贴上了"奥普拉的选择"这个明显的标签。

在读书俱乐部开始一年后，《新闻周刊》和其他的很多杂志都将奥普拉看作是现代图书界中最为重要的人物。

有这样一件事情，《新闻周刊》的一位编辑在编审完一本恐怖小说后，想让这本书畅销，就写了这样一句话："祈求上帝、伊穆斯或者奥普拉的垂青吧。"

恐怖类、灵感类的小说不是奥普拉读书节目的一部分，但也会因为出现在这个节目中而得以畅销。

在"9·11"恐怖袭击以后，一个11岁的小男孩写的一本诗集《心灵之歌》在奥普拉的节目中得到了推荐，这个小男孩正在遭受严重肌肉萎缩病的煎熬，他因为奥普拉的推荐成为名人，也得到了5本书的合同。奥普拉对观众们表达了自己的感受，她告诉观众，男孩是她的朋友，他的灵感总能触发她温柔的思绪，他是个真正的天使。

在这个冗长的报道中，记者罗伯特·埃尔德就评论说："这是伤感的吗？是的。但出版商们发现伤感的书确实好销。"《华盛顿邮报》的作家戴维·斯特里菲尔德将奥普拉在推动人们阅读书籍这方面的贡献与大慈善家安德鲁·卡内基相提并论，后者捐献了2500

座图书馆。这对于民众阅读贡献卓著。与此同时，也有人提出了不同的声音，他们认为，奥普拉只是幸运地在一段时间以来占据着全民阅读的潮流，这并不代表她会一直影响下去。

尽管这样，奥普拉也对美国人养成阅读的良好习惯产生了巨大的影响。1999年国家书籍基金在一个非常典雅别致的燕尾服酒会上，向她颁发了第50周年金质奖章。

这个奖章就足以证明奥普拉在美国人心目中的地位，这也是她所提及的，书籍是她生活中极其重要的组成部分。

奥普拉对于书籍的感情可能会追溯到童年时代在外祖母家的时候，阅读早就成了她生活中最愉悦的事情，也正是书籍在她最暗淡无光的日子里给她以阳光，让她了解了自己，了解了世界的美好。

当她介绍玛亚·安吉拉斯的自传体小说《我知道为什么笼中的鸟儿在歌唱》时，她惊讶地表示："这本小说简直就是在描述曾经经历过那么多痛苦的我。"

而这本书让她感触颇深，因为任何人都会有劫后重生的可能，任何人都有可能会突破自己找到劫后重生的快感。在看完那本书后，她终于知道了书带给自己的力量，也有了未来的方向。

虽然她很爱书，也曾深受书籍的鼓舞，但是最后读书俱乐部栏目还是面临停办。

当她宣布放弃读书俱乐部这一栏目的消息时，很多人不理解，也不舍得。

奥普拉是那样的喜欢书籍，这个节目也对美国的公众阅读兴趣产生了很大的导向作用。

在那一期节目中，奥普拉说《苏拉》将是在读书俱乐部中介绍的最后一部书，这样草率而又简短的话引起了极大的轰动。

即使不会再在节目中介绍有趣的书籍来与大家一同讨论，但也没有告知大家原因。每本书在奥普拉的节目中被推荐后，都会卖出60万-100万册。但是市场的调查显示，阅读书籍参加电视节目讨论的观众的数量是非常有限的，与平时收看节目的观众数量明显不成比例。

很快地，读书的节目大幅度减少了，刚刚有这个节目出现的时候，每个月都会有一本书被推荐而得到大卖的机会，而到了2000年，每年只剩9本，后来的一年就只剩下了6本。

尽管这些读书类的节目将花招都用遍了，甚至会与作者进行非正式的座谈，还有将书中的那些精彩情节放在大屏幕中，更有甚者将书中角色的遭遇与有类似经历的女性交流，但读书类的节目还是在这条路上越走越蹒跚。

就这样，书籍销售量迅猛增长的趋势也降了下来。据内幕消息称，奥普拉在每个月推荐一本书的转换工作上下足了功夫，而且这可以称为是"唯一辛苦的差事了"。

奥普拉的这个决定渐渐地得到了支持和理解，一些出版公司也公开支持奥普拉的这个决定。

奥普拉为这些业界提供了很重要的金融推动力，为他们的荷包赚够了钱币，他们又能说些什么呢。

直到兰登书屋在《纽约时报》上的一整个板块上公开地写上了"奥普拉，感谢你"这一主题。这家公司是在对奥普拉这么多年来为"书籍、作者以及读者"所做的事表示深深的感激之情。

但是不管怎么说，奥普拉的这个决定也造成了明显的冲击。

在谈到停办原因时，没有什么有趣的书可读。

这个节目的停播也会让那些想借奥普拉的节目名利双收的作家

感到十分的失落。而那些曾因为奥普拉而拥有百万册图书销量的出版社也会在经济周转上遭到打击。

观察家们也对奥普拉的停播理由表示了严重的怀疑。《费城调查者》的记者卡林·罗马诺就直截了当地说出来："奥普拉最后所推荐的书《苏拉》，由托尼·莫里森写于28年前，是莫里森4部小说中的一部，而其他3部也都曾上过奥普拉的节目。"

而后罗马诺又提出了质疑："假设有充足的时间，为什么奥普拉却无法每个月从'数十年来出版的英文小说'中为俱乐部推荐一部独立的作品？"

罗马诺的文章更是以冷嘲热讽的语气来评价奥普拉。认为像她一样的富人为了每个月挑选出来一本书而逃避繁重的工作，这是非常正大光明的办法，这就像是"在商人中间交谈或者在以色列国防军中服役"一样。

2. 幽默的嘲讽

有些时候，批评家仍旧会对她的选择进行批评，但是在读书俱乐部这个节目结束以后，一些人始终会将奥普拉和书联系起来。

《芳香河上》是帕特里夏·亨利的小说，许多人对这部作品持肯定态度，但是也会有许多人有些不同意见。卡罗尔·杜普·穆勒就批评这本书"正是进了'奥普拉'排行榜而使它陷入泥潭"。

其实奥普拉只是将这本书的名字列给了观众，而并没有暴露它的主题，也没做相关的任何评价。

但是这本书中的内容仍旧会让大家想起奥普拉对于主题的研究和讨论。就像是她在杂志中讲述那些文章中的女子同性恋和信仰，还有信仰、纸张、忠诚危机等等一系列问题。

也有很多评论说奥普拉采访小说的那些主题里有很多是侧重于有功能障碍的人群。那些吹毛求疵的人也会批评奥普拉的这一倾向。

一些观察家们也发现，奥普拉对于书的类型的选择是极其相似的。《华尔街杂志》的作家辛西亚·克罗森这样认为，奥普拉选择的书大多是"从沉迷到破坏"的。

更有甚者，一位评论员甚至对奥普拉的喜好有着极为高深的研究。他在语言中透露出，他认为应当用"奥普拉的小说"代替"女人的小说"。原因是观察后发现，奥普拉推荐的小说差不多都是一个模子的。

《奥普拉·温弗里》节目中的读书俱乐部节目的结束继续引起广泛的争论，大家仍旧觉得奥普拉放弃的理由在大家的质疑下实在是很苍白。

大家也都渐渐地开始怀疑奥普拉的判断能力，而报纸和采访中对这个问题的穷追不舍，使得奥普拉感到很尴尬。

而读者、喜剧演员或者是漫画作家对其嘲讽声最大，一位专栏作家在他自己的报道中强调奥普拉是"已经被炒了，大家应当好言慰藉"。

还有一位专门撰写佛罗里达南海岸风景文章的作家本·克莱德尔也用开玩笑的语气说奥普拉这种举动是"叛逆、阴谋、无情……胆怯……骇人听闻……冷淡……"

每一次成败的背后都会有很多不为人所知的事情，不能以成败来论英雄，更加不能因为成功后的隐退而评论成功后的桂冠是否该戴在这个人的头上。卡通画家马蒂·杰斯作了一幅滑稽的漫画，漫画是以"基因突变"为主题的。

画面中，一个黑人和一个白人在看电视，而电视中的奥普拉则一边吃一边在谈论着读书感想，直到疲倦。对于厌倦的表现使她再也没有兴趣来面对这些，奥普拉甚至将一根胡萝卜插在自己的鼻子上，解释是灵感的闪现。根据她的经验，这将是给予她新生的。

这位卡通作家不仅仅是对奥普拉突然间不继续作读书节目的行为进行讽刺，就算是对她品位的下降也没有放过，进行了形象的冷嘲热讽。

奥普拉对于"无书可读"的理由和她的个人艺术品位成为大众攻击的靶子，也成了大家饭后的谈资。在这漫画中，奥普拉为她的观众揭示了一切的疑惑。她很希望观众可以与她一同苏醒而走向新生。

但是奥普拉还要告诉大家的是，所谓的苏醒就是不读书而要胡萝卜。奥普拉完全是在拿食物与健康方面的话题在开玩笑。

而这位卡通作家也非常幽默地回顾了这半年来的历史上对于灵魂和躯体的各种争论。他很成熟而简练地将胡萝卜，也就是躯体和灵魂联系在一起。

奥普拉的新生就是源于那根胡萝卜，而不是那些小聪明或者是什么明智的艺术论文艺或者著作。

这个连环画中的两个角色第二天出现在报纸中的大幅标题和整版故事中，这是令人吃惊的。比这个标题的大小和新闻的篇幅更加让人难以置信的是在调查中数以千计的妇女最近的活动。

她们都是奥普拉最忠实的粉丝，无条件地追随着她，喜爱着她。

这些追随者为了追随上偶像的脚步，像是潮水一般涌入了各大医院和食品店去购买胡萝卜，像奥普拉那样将其插在鼻子上。

这种现象是早就能料到的，也正像漫画家所说的那样，这些是要比奥萨马·本·拉登被抓住，抑或是找到了什么治疗癌症的特效药更加重要的新闻。

从奥普拉开始介绍第一本书至今已经许多年。2002年的夏天，奥普拉的读书俱乐部开始停播。对于大多数观众来说，他们都喜欢奥普拉的选择吗？奥普拉的好朋友——作家玛亚·安吉拉斯也在反复思索了许多遍后说道，其实她并不同意她的选择，但是问题的关键却在于读书这件事情本身。

如果是观众朋友们对奥普拉介绍的书籍完全不感兴趣，那么这个节目的停播是必然的，那并不值得说什么。

但是如果观众们不希望这个节目停播，那么没有好书可读这类理由是在从侧面说明这个节目是早熟的吗？

在每个月选择哪本书的问题上，奥普拉和她的公司在汇集大量信息的基础上，在读书节目结束不久前选择了乔纳森·弗仑森的作品。

这种做法将那些读过书的和没有读过书的很多人，甚至是整个美国都刺激到了巅峰状态，而这种兴奋的状态给节目带来非常雄厚的群众基础。

弗仑森的第三本小说名字叫《修正》，自从被宣布将要进入奥普拉的节目中就达到了非常大的畅销数量。

不论是否存在相不相似的这个问题，这本书不进入奥普拉的读书节目，是没有办法火起来的，更别说进入畅销书的行列。但是对于这个问题，《华盛顿邮报》图书评论家乔纳森·亚德利却有着不同的想法。

亚德利对弗仑森的《修正》一书评论指出，说他在"高雅文学传统"的作家这点上，和许多的批评家是不同的，并不是在过分关注他的前两部小说。

而他的前两部小说也确实没有过多的关注价值，有些唠叨，也有些"华而不实"。更加重要的是，他说这些在商业上是不算很成功的。

因为对弗仑森好感全无，亚德利也曾断言说："奥普拉图书俱乐部的选择绝对是经济上取得成功的保证。"他暗示说如果没有奥普拉的认可，弗仑森的第三本小说将不可能取得比前两部小说更好的业绩。

3. 《奥普拉的故事，待续》

与非常多的观察家不同，亚德利并不同意和欣赏弗仑森的才华。然而一年后，一位名叫理查德·莱卡亚的人却公开撰写文章说其欣赏弗仑森的才气，说他是"才高八斗"。

而相对的，亚德利却不想被人看作是奥普拉访谈节目的爱好者或者是追随者，所以他就这件事情写了第二篇文章，名字叫作《奥普拉的故事，待续》。

他在回答了以前的观点的同时，也说了自己非常不喜欢奥普拉的节目，称其一见到这个节目就会"因过分甜蜜的声调和吆语而几乎要作呕"。

有很多评论家已经注意到了，从1996年9月以来，一共有46本书由于奥普拉的大力推荐成了畅销作品。

而《纽约时报》观察家戴维·金帕克也这样认为，由于奥普拉的选择，弗仑森会增加1500万美元的收入，这样的收入无疑是十分可观的。

而且他还引用了《竖琴》杂志的编辑刘易斯·拉帕姆的话："好的作家就是富裕的作家，而富裕的作家也是好的作家。"

这个观点明显错误，尽管没有多少收入的作家极其反对这个观点，但是不得不说这是个事实。凡是进入奥普拉节目的书籍，其作者都会进入百万富翁的行列。

而对于弗仑森提到的"高雅"文学传统这个问题，耶鲁大学的教授、批评家哈罗德·布洛姆也加入了争论的行列，他说被奥普拉选择而感到无比荣耀，这将会是不可能的事情。

在很多人的眼里，弗仑森已经忘记了奥普拉选中他的书对他来说是件多么幸运的事情，他因为这件事情而犯了大错误。

对于奥普拉的读书俱乐部，观察家卡林·罗马诺就曾说道："弗仑森对奥普拉这一做法的反应就好像'被斯普林格图书俱乐部挑中了'一样，尽管《美国新闻》杂志把弗仑森的书划入'未入选'之列。"

弗仑森也宣称不喜欢奥普拉的读书节目，原因是他反对将小说的封面放置在图表的位置。

他还说，他反对奥普拉将自己的小说列为"一维的伤感主义流派"的作品。他将自己的作品一直看作是高雅的艺术，并不是什么伤感。他的这种行为是为大众所不能理解的。

就像斯考特·特罗和斯迪芬·金作家登上了《时代》的封面，他却坚信他们一定为了这件事情投入了大笔的资金才会有这种荣誉。他在乎的是这些，而不是他们为美国做了多少的贡献。

弗仑森很公开地讲述这一现象是金钱打造的《时代》，并不是能力让他们那样的成功，一切只是因为他们有资金。

他也一直信奉着一个信念，就是"社会教化"是小说的最重要的功能，也为21世纪的小说世界的变化感到悲哀。当然，这是非常正确的，但是弗仑森或许理解有偏差。

弗仑森在接受奥普拉给予的"好处"以后，略显吝啬地称赞说道："明智以及……正在进行一场大战。"当然，大战也就是说奥普拉在挽救国民读书的这件事情。

非常有讽刺意味的是这正是在弗仑森发表了一系列言论以后。事实上，弗仑森不想借由奥普拉的节目出名，所以他坚信着小说家威廉·吉德斯的有关"这个世界需要严肃的作家"的这个言论。

为此他甚至以"隐世"这一做法来证明自己，而目的就是想抵制"虚假的大规模市场的文明"的影响。

关于市场的理论，弗仑森有着自己的理解和关于哲学的那部分认知。而也是因为这个理念导致了他在私底下和公开地这样抵触电视的这个行为。

争吵的结果就是他被奥普拉取消了来到节目中的资格。在一些新的报道中也有着奥普拉并非因此而取消她的邀请的说法。

《新闻周刊》的观察家杰夫·高尔也就这个问题用一语双关的语气以"过错与'修正'"为题发表文章。而且称奥普拉没让弗仑森出现在自己的节目也是在隐隐地暗示着她的观众朋友们不要再继续阅读《修正》这本小说。因为奥普拉已经开始怀疑他的人品问题。

《修正》出版后的一年，弗仑森又推出《如何独处》这本书。在这本书中，弗仑森说，奥普拉取消了他参加读书节目的原因是觉得他"前后矛盾"。

细心的人会发现，这本书的封装前言里，那些关于他的经验他是持有悔恨意味的。

这件事情后，越来越多赞同奥普拉的观众开始反对弗仑森。那些奥普拉的忠实观众自是不必说，就连很多新闻记者也都持有极明显偏袒奥普拉的意味。

并且还用福仑森刚发表的短文《在圣路易斯等我》中的词汇来讽刺他。《新纽约》杂志的作家说他是"狗养的"；《波士顿全球》更是将他说成了"孤芳自赏的势利小人"；到了《芝加哥论坛》更是骂他是"喋喋不休、乳臭未干的坏小孩"。

在这些事情都没有发生的时候，弗仑森还是奥普拉的读书节目的候选者的时候，在家乡密苏里州，弗仑森还在与《奥普拉访谈节目》的导演和剧组人员做着前期的准备工作。

导演告诉他很难找到合适表现他的小说的方式，也很希望可以尝试不同的方法。导演的要求是不仅要在短片中表现出对整部作品的概述，更加要谈及它的历史背景以帮助观众们更好理解小说的主旨。

在《在圣路易斯等我》里，弗仑森说自己是一个中西部人，但是他却在纽约度过了24年。所以导演想将他的生活地点圣路易斯表现出来，也不是件可以随便决定的事情，这让他感到焦头烂额。基于这点还有导演和摄制组的那些不断地要求让他确定一点，那就是做点事就是弄虚作假。

而对于整个电视节目的运作，其实这些都是必要的。

这也就是弗仑森与导演开始不和的征兆，然后没有得到一致的表达成为他宣泄不满的开始。其实在录制过程中，他没有几次和导演组达成一致的时候，他一直认为整个摄制过程就是在造假。

相对于其他作家，弗仑森对于隐私的保护极其严密。凡是读过《修正》的人就会在字里行间读到某种东西。

而且非常公正客观的是，奥普拉的所有读书节目候选人也都承认这个节目有公开隐私的部分。

就像厄休拉·黑格拒绝自己的第二本小说入选奥普拉节目的候选书籍，而且反对这本书排为第一篇小说的续集，再对其进行包装。一位西蒙和斯图尔特的国际专家就称其做法是在维护自己的隐私权。

弗仑森在陷入这场争论后就可能想跑都跑不掉了，所以他就会不断地来回胡扯。《今日》这档访谈节目的主持人凯蒂·考伦克在介绍弗仑森的时候说他是个堪称"奥普拉克星"的人。

而且还要请他尝尝泥土以此来表现出是他咎由自取的表现。后来的时间里，他也曾向奥普拉表示了谢意来称赞她的品格高尚。

他承认是自己做得不够好，而且还为自己的各种恶劣行径找借口来搪塞，他还声称自己已经忘却了在写小说以前参加的社交活动。这也算是他自作自受吧。

4. 将阅读进行到底

令人感到奇怪的是，奥普拉节目的编导们在对弗仑森的候选资格审核的前期制作过程中，竟然忽略了弗仑森的短文。特别是他在1998年发表的《皇帝的卧室》的这篇文章。

所以大家就都没有注意到他对电视节目的一些不堪入耳的言论。他们也都早就发觉，奥普拉和弗仑森的人生观、价值观是极为不同的。

对于弗仑森来说，与其和观众们打破界限在电视上让众人所知，他更喜欢用古老破旧的电话来营造安定美好的生活氛围进行小说创作。

而当今社会是用计算机和大众科技化来充当真正的书籍与文字，这是他最不希望见到的。

在弗仑森的短文《父亲的大脑》和他的倒数第三篇短文《在圣路易斯等我》中，读者们会看出他内心非常敏感，充满悲哀。

对于他自己和现代的生活都是这样的，除非他自己想要公开，否则他是绝对不接受外界的探索的，也绝不容忍媒体对自己内心深处的触探。

但是即使是这样，也会有很多人包括他自己在问，他怎样才会成为电视读书节目的候选人呢？

尤其在这里，人与人的交流是很重要的，而弗仑森的性格是很难与其相融合的，就这样，很快地，你就会发现，其实弗仑森是不可能成为奥普拉节目介绍的作者的。

这个故事还有两个极为有趣的小插曲，一个是弗仑森和三位电视节目的编辑法勒、施特劳斯、吉劳克斯，当他们取消弗伦森与观众见面的机会时，《修正》却迎来了最好的销售量。

第二就是这本书获得了第五十二届国家图书奖。而这次的男喜剧演员斯迪温·马丁则是第三次站在这里主持这个盛会了，弗仑森也在得奖的时候对奥普拉表示感谢，这个故事也广为人知。

当然，值得肯定的是，并不是很多作家都能被大众认可的，特别是虽然他们的书写得很好，但是却没有固定的读者群，这是最让作者担忧的。

其实每年都会有上千本图书出版，所以争取读者就成了强者的游戏，当然，也要靠机会。

还有一种情况是，即使得到了强有力的宣传和推荐，但是也未必能吸引人们的关注，这些书籍中就包含有政治和历史的类型。

同样的，没有故事情节的散文类书籍想要得到大家的青睐也是要下功夫的。奥普拉在节目中推荐过的书不一定是小说，也不一定会是在俱乐部中已经讨论过的书。

这许多年的读书节目是有很多散文类的书籍在节目中出现过的，就像雷切尔·西蒙写的《拒绝坏女孩：在女孩当中隐藏着的暴力文化》。

雷切尔·西蒙和他的好朋友罗莎琳德·怀斯曼在奥普拉的节目中一同在探讨他的书。

而同样作为作家的怀斯曼也曾撰写过《交际明星与崇拜者：帮助你的女儿远离小圈子、闲话、男友和其他青春期问题》，这本书也成了《贱女孩》这部电影的蓝本。

这两本书的主体主要是讨论青春期的躁动，而奥普拉对于这个问题则是非常感兴趣的，并且在自己的杂志中提到了这个问题，也曾讨论过。

然而她的成长经历就告诉了大家，自己就是在孩提时代的暴力牺牲品。

"奥菲莉娅项目"的一个组织的成员名叫西蒙。这个项目是包括心理学家在内的各类型的专家举办的如何对待暴力和威胁的课程。

这个组织会时常地组织高中的老师教导少女们如何阻止外来的暴力和威逼。而他们则和其他的也是这方面类似的组织教给那些男孩女孩们，教他们如何正确认识人与人之间的界限和处理那些暴力与争吵。

这些组织也会有原则，那就是奥普拉在演讲和作品中常常会提到的，每个人不论是男女老少抑或是老弱病残，都要明白，他们的命运是掌握在自己手中的。

我们无法避免一些伤害，而那些正是我们要让那些带给我们痛苦的人受到惩罚的最大动力。

说出自己内心的感受，也可以在我们周围找到那些我们信任的人来倾诉心中的不快，而这样也会从朋友那里得到经验来寻找突破口。

如果任由这些无休止的恐惧在心中作祟，那么我们的世界观就会慢慢偏离轨道，走向极端，因此会形成恶性循环，失去更多的东西。

西蒙和奥普拉都倡议读者和观众要为他们的人生负起责任，这也是奥普拉在自己的节目中一定会倡导大家的，也会引起大家的共鸣。

我们正在经受的文化总会误导我们"说谎"，这种行为是众所周知的错误，也是一定要纠正的。

西蒙说到，如果人与人之间坦诚相待将意味着会被亲人与朋友抛弃，那么这种事情会导致"更多以自我为中心的、自私的人"出现在我们的生活中。

我们一定会找到与自己的世界观相同的人，彼此能真正坦诚相待的人来充实和调剂自己的生活。

2003年2月末，奥普拉也很出人意料地对吉尔德·罗德纳——这个已经略显沉淀的女喜剧演员的晚年感到欣慰，也很怀念。这也成了各大媒体竞相报道的事情，这些关于时尚和娱乐的节目是他们最喜欢报道的了。

大家也感觉到奥普拉的节目好像又要复活了，只是奥普拉对他们说，她这样做只是对经典的作品再进行品读，而不是认为当代的作品没有什么值得阅读的。

对于莎士比亚、海明威或者是福克纳这些著名的文学家、作家来说，他们的生活阅历能锻造出那样伟大的作品，这就是值得观众们细细品味的理由。

因为阅读和推荐当代的图书而大受表彰，却忽略了以往那些著作，对于这件事情，奥普拉一直认为是自己的错误引导所致。她也对美国出版商协会说过，她会继续推荐图书，但是这次可能会与以往不太相同。

当时，观众对奥普拉还能再次带领大家来阅读书籍，按照以前的套路再次给观众带来欢乐这件事情感到不太可能。

然而，出版和其他的行业是一样的，能销售出业绩来才能兴旺，出版社自己也不会相信，这些在大家眼里都老掉牙的著作会得以畅销。因为人们会从自己家的书柜中或者陈旧的箱子或图书馆中随便就可以找到。

也有很多人会怀疑，这些作品，与很多中学和大学的教材也有联系，怎么会引起大家的阅读兴趣。然而，结果很快地就会浮出水面了。

奥普拉这个名字也会很快地再次和图书联系起来，这也是再次启动读书俱乐部的福音。

奥普拉告诉电视导读的记者米切尔·罗根，她将会放弃"经典"这个大家都会想到的字眼，因为这个词语已经不足以代表这些作品在自己心目中的位置。

奥普拉不再想与那些批评自己是"文学世界里的玩闹"的人来打"游击战"。她对于自己选择的书籍非常自信，说那是"来自于历史的伟大作品"。

这也正像约翰·斯坦贝克的《伊甸园的东方》里的世界带给她的震撼，奥普拉就这样开始并有了将这个节目继续下去的决定。

奥普拉恢复读书节目的举措得到了广大观众的好评，奥普拉的忠实粉丝和作家以及业界的喜剧家甚至是卡通家们也都为了她而喝彩。

专栏作家们更是以幽默的语气说奥普拉是"在经典作品里遨游"。

就像英国评论家克里斯托弗·希契一样的很多作家，都禁不住想给奥普拉一些建议，希望她的节目会越来越好。

他告诉奥普拉的是，奥普拉应当考虑将托尔斯泰的《安娜·卡列尼娜》仔细研读一番然后进行讨论。希契也只是一句玩笑话，但是却让奥普拉和她的好朋友——心理学家费尔麦克高着实忙了好大一阵子。

从那以后，奥普拉就开始采纳他的意见，希契还向奥普拉推荐了乔治·埃利奥特的小说《中途》。在他的角度看来，这种小说是极其符合奥普拉的节目的。

这部小说主要讲述了维多利亚时代的一位不幸的女性的经历，这种女性遭受不幸经历的小说是奥普拉所偏向的，这也为奥普拉的节目提供了更多的可能性。

那些逝去的作家就这样留下他们对世界的怀念。而这些所谓的经典又或者是"来自过去的好作品"，在奥普拉的节目中播出后，又得到了人们的欢迎。

这些年来，作者或者是出版社想要赚些钱真是非常困难，或者说得不到奥普拉的推荐、不在她的节目《今日》中出现，很难有什么发展的机会。

国外的大公司在紧紧地钳制着图书出版业，如今的图书与出版社的联系已经让人联想不到了，反倒是与市场有着很大的关系。

如果得到奥普拉这样一位在全世界都非常知名的明星大力推荐，那一定是图书行业的福音，这样一位对图书行业有着重大影响的人也是会对世界有着重要影响。

2003年6月，在奥普拉宣布第一部经典作品在她重新创办的读书俱乐部出现时，就选择了一本在50多年前出版的《伊甸园的东方》，这部由约翰·斯坦贝克写的书在当时就在博德和瓦尔德的各大小书店畅销5000多本。

很快地，这种类型的小说也就登上了畅销书排行榜的第一名。奥普拉曾经说过，与斯坦贝克最受大家追捧的《愤怒的葡萄树》相比较的话，可能这本书更加能体现出"爱、背叛、贪婪、谋杀和性"等等关于人性的内容，而实际上可能也会更好些。

第八章　生活点滴：一个真实的奥普拉

1. 不同的轨迹相似的人生

　　每个人都会有好朋友，奥普拉虽然是众所周知的明星，但也是个普通人，有着自己的生活圈子，和大多数女人一样，她拥有着一群闺蜜。

　　常常出现在她的生活里的四个人就是玛雅·安杰洛、昆西·琼斯、斯特德曼·格雷厄姆还有就是盖尔·金。他们每个人对于奥普拉的生活都有着不同的影响，奥普拉对他们四个人表现出来的感情也各有不同。这四个人里，玛雅·安杰洛年龄最大，她是1928年出生的，比奥普拉大了将近30岁。

　　对于奥普拉来说，她可能更加像是母亲，而不仅仅在朋友的层面上。实际上，安杰洛也在访谈节目或者采访中说到她想要一个像奥普拉这样的女儿，而奥普拉对于安杰洛的感情甚至超越了与母亲弗尼塔·李的感情。

　　对于生活中的事情，她似乎更加倾向于向安杰洛倾诉而不是弗尼塔。

　　安杰洛是一位诗人、传记作家、舞蹈演员、演讲家或者是老师，也曾在很久以前做过酒吧的女服务员、皮条客、卖炸鸡的工作，甚至是卡吕普索即兴小调的歌手和配剧音乐的作曲家。

　　在美国有相当一部分人认得她，作为美国文化中的一部分，她是追随着罗伯特·弗罗斯特的步伐，成了人们心中的一颗璀璨的明星。

晚年时期的罗伯特·弗罗斯特在1961年1月的约翰·F·肯尼迪总统就职典礼上朗诵了一篇诗篇。

30年后的玛雅·安杰洛，一位黑人女性也在威廉·J·克林顿总统1992年1月的就职典礼上朗读了自己的作品，这也代表了她的心声，而题目为《清晨的脉搏》的诗篇也带给了观众很多的温暖。

一起与她拍摄过《恋爱编织梦》的演员们都将她视为偶像，大多数人也都会将安杰洛看作是自己的偶像。尽管《巴尔的摩太阳报》已经将她视作是"文艺复兴的女人"。

对于"偶像"这个词语，是人们对崇敬的人表现出的无限歌颂。但是却显得那样遥不可及。

所以奥普拉不喜欢这个词语，并不是不对其充满敬意，而是不想放下身段，也不希望自己的观众放下骄傲。

"偶像"这个词语的确是在歌颂着什么，而这个词语用在摩根州立学院的玛丽·鲁普顿教授与安杰洛的第一次见面时，与玛丽形容的"诚惶诚恐"有很多相像之处。

尽管我们都会看出来奥普拉将安杰洛奉作是神一样的人物，但是她不会想到用偶像这个词语来形容自己的朋友。

每一位报纸杂志的撰写者在形容这两个女人彼此的关系时，都会说安杰洛是奥普拉的良师益友。

而这两个女人之间的关系并不是靠安杰洛的什么艺术家的光环而套牢的，抑或是肤色的黑白。她们彼此的生活里有太多的交集将她们紧紧地联系起来。

但是奇怪的是，这两个女人也有很多互相矛盾的地方，而这些矛盾在外人看来是不能理解的。

有些情况是被当作事件记录在文章中，但是这些情况在不同的采访和传记中却有着时期的不同的评价，还有主人公对于以往记忆的模糊。

当然，这也是传记带给人们大致的感受。

这两个女人之间的相似之处相当多，而且不仅仅是过去，就连奋斗的整个过程和现在的现状都十分的相像。

在这方面，奥普拉和安杰洛很多方面都有黑人女性的代表性。这也是反映了黑人女性的普遍的成长状态，奥普拉常常会说起这件事。

2. 关于名字的由来

奥普拉和安杰洛相似之处何止一些，例如两个人都有不止一个名字，这也是很多传记作家很感兴趣的一点。安杰洛起初有一个名字叫作玛格丽特·安妮，后来叫作玛雅。

这个名字是她的弟弟给她取的，是将单词"我的"（my）和"我的姐姐"（my sister）捏在了一起。后来，她就去掉了自己的姓氏：约翰逊。而在最后离婚的时候，她就用了在夜总会的舞台的名字，也就是现在用着的安杰洛。

这个名字是那样地引人注目，这也是她成名前进道路上的重要一步吧。

奥普拉的名字同样引起大家的关注，她的名字是她的姨妈根据圣经里的人名起的，就是奥帕（Orpah），而后变成了奥普拉这个广为人知的名字。

其实奥普拉还有一个不为人知的名字叫作盖尔。还有一个大家会知道的名字，这个名字与"奥普拉"这个名字有很大的关联，那就是哈普（Harpo）。

这个名字总会让人联想到美国的喜剧演员马克斯兄弟。然而，大家都知道，奥普拉的出品公司就是以"奥普拉"这个名字的拼写倒过来写的。

安杰洛的父母是合法夫妻，所以她跟着父亲贝利·约翰逊的姓氏。

奥普拉的母亲在生下她的时候是未婚的，但是取名字的时候却仍旧以她父亲的姓氏为小奥普拉命名，叫"奥普拉·温弗里"。

但实际上，奥普拉从未将自己父亲的血统弄清楚，这并不影响奥普拉对父亲的那种忠诚和感情，只是在开玩笑的时候，奥普拉还是会说自己和父亲真是一点也没有相像的地方。

或许弗农不是自己的亲生父亲，因为年轻时候的弗尼塔对于男女关系是比较随意的。

奥普拉和安杰洛在小时候都与母亲分开了，原因也是相同的，没有能力或者不愿意抚养她们。

这两个小女孩都在童年时期与刻板的外祖母生活了很长一段时间，然后到另外的城市与母亲一起生活。而且同样不幸的是，这两女孩子都不讨母亲的喜欢，后来又都将她们送走。

奥普拉是先与父亲和继母生活一段时间后又被母亲接走了，后来经历过很多事情又回到了父亲的身边。而安杰洛则又回到了外祖母的身边。

在母亲家中，奥普拉和安杰洛这两个得不到母亲关爱的小女孩都没有人在乎她们，也都经历了地狱般的经历，就是被性侵。

　　奥普拉是在9岁的时候被自己的一个表哥强奸了。而安杰洛则是在8岁的时候被母亲的男朋友侮辱了。那时候的奥普拉和表哥是在拥挤不堪的亲戚家同住一张床的。

　　这样拥挤的房间里，表哥对奥普拉做的事情常常会被人忽视，或者认为没有什么特别需要注意的。

　　但是这些丝毫不考虑女孩子感受的暴力男性却在两个小女孩心中烙下了深刻的印象，在她们的心灵上留下了难以愈合的伤疤。

　　对于这件事情，或许奥普拉表现出来的伤感大于安杰洛，可是伤害之深是无法估量的。安杰洛没有表现得那样激烈，可如果不在乎，安杰洛又怎么能好几年都没有开口讲话。

　　这两个女孩子也都是在十几岁还没有成年就做了母亲。安杰洛是和邻居家的一个小男孩发生了关系后在16岁生下了儿子。

　　而奥普拉则是在14岁时诞下了一个婴儿，连奥普拉自己都不知道这个孩子是谁的。但是不同的是，奥普拉生下的孩子却没有能活下来。

　　这件事情被尘封了很久，直到奥普拉的同母异父的妹妹因嫉妒对奥普拉出言攻击，才向媒体披露了这件不为人知的秘密。也因为这件事情，奥普拉两年多都没有理过妹妹。

　　但是在童年遭受的这些苦难经历在两个坚强的女性面前是那样的微不足道。成熟成名后的她们也都毫不避讳地对外界讲出了自己的那些伤疤掩盖的秘密。

　　然而在童年经历过的那些伤害后，两个人对于爱情和婚姻都怀着憧憬的态度。这些经历中有快乐的，有悲伤的。相对来说，安杰洛对于接受失败的婚姻或者与男子的亲密关系这个方面可能会更加明智一些。

安杰洛也曾在自己的作品中说过，自己绝对不会让"性"成为主宰生活方向的任何指标。而奥普拉虽然从没结过婚，却向记者说过被"性"主宰的生活对她来说是多么的可悲，而又不能控制。

从她还是个懵懂无知的小女孩，直到一开始在巴尔的摩的那几年的生活，那时候与一位已婚男人的绯闻闹得满城风雨，最后差点要选择自杀来结束这一切。

在电视节目中的奥普拉，在讨论关于"性"的问题时，不会闭口不谈，也不会显得那样的拘谨，但是在谈及对幼童的性侵话题时，或者是谈到了她在童年的遭遇和不幸时，奥普拉就会显得格外激动。

在几十年后的今天，再涉及这种话题，奥普拉仍旧会有所保留，也不会在采访时主动来讲这件事情。但是在她的杂志中，她已经下定了决心要改变可能会与她有相同的命运的孩子们。

在奥普拉的节目中，如果真的是要涉及这个问题，她就会用幽默的语言来调节现场的氛围，这样就会在她的伤口上少撒些盐。

然而性格率直而又外向的奥普拉，大胆地、单纯地讲性事也是绝不难见到的。

大多数，或许是几乎所有的传记作家都会引述奥普拉在电视节目中讲到的一些限制级的话语，像是什么尺寸带来的快感或者是那些看起来像是很不谙世事的询问，那些频繁和不同的男子发生性关系的妓女会是怎样的痛苦。

奥普拉在她的节目中讲到床第之欢时，是非常开放而又轻松的。她的观众们也不会抵触这样的内容，看得津津有味，就好像是在紧张的生活中带来的穿插好笑的一段小品来放松自己。

当然，奥普拉之所以这样受到大家的喜欢不仅仅是她的个性吸引了这么多的观众，还因为她的电视节目中会有一种说不出的深度也深深地吸引着观众。

在奥普拉看来，性是生活中非常美好的东西，这个观点与安杰洛是非常一致的。虽然奥普拉的话或许有些粗俗，但是却透露出那样美好的感觉，是那样的自然而又不矫揉造作，也是那样掷地有声地讲出了观众们的心声。

她不会有安杰洛那诗人一样的性情和气质。而在安杰洛老年生活开始后，她也想过要拥有一个情人来与自己共度余生。

因为奥普拉和安杰洛的经历并不是完全相同，所以安杰洛可能会比奥普拉生活得更加宽容一些。

安杰洛的父亲则是一个容貌英俊但却整天无所事事的人，母亲虽然美丽却也对她漠不关心，所以安杰洛的成功是与她的父母毫无关系的。

安杰洛的母亲在她的印象中是一个对外软弱无能，对家人却铁石心肠的人。这个简单的评价也是一位叫作希尔顿·艾尔斯的作家评价的，非常精辟。

这位脾气非常差的酒鬼还是能让很多的男子抵挡不了她的诱惑。这样的母亲让安杰洛很没有安全感。

事实上，安杰洛早就说过，正因为她的过去和她的母亲才会让她成为这样一位完美的女性。

这两个女子的童年及青少年时期的遭遇是有目共睹的，悲惨、无助，是这样巨大的伤害其实都与她们的母亲有着很大的关系。

正因为母亲的懦弱无能、漠不关心以及粗心大意才会导致她们在最需要安慰的时候没有人来给予温暖，只能孤独地面对内心的恐惧。但是就算这样，安杰洛在她的母亲去世以前还是原谅了她。

3. 飞扬的灵感与自由

奥普拉对待母亲以及那些曾经伤害过她的人都很慷慨，但是她也曾经对媒体说过，还是有许多的问题在她与家人之间没有得到解决。

这些是不能用言语来表达清楚的。现实生活中，奥普拉的许多亲人都已经去世了。安杰洛曾对别人说过自己承认对自己的母亲怀有深深的爱意，但是奥普拉却从来就不会说这些话。

尽管她有的时候会说自己会原谅这个从她堕入地狱后没有给予她爱和鼓励的女人。

这两个负有盛名的女人在众人看来，可能安杰洛能更加看得开些，更加阳光一些。她很乐意与奥普拉分享自己内心的感受，也幽默地谈到了纳税和死亡等等令人烦恼的事情。

安杰洛也说了她的看法："只有死亡和肤色是不可避免和无法更改的。"正因为奥普拉比较自己要年轻些，所以她想要将自己的一些经验教给她，让她好好地珍惜生活。

她喜欢奥普拉给自己制订的那些快节奏的步伐，但同时也想劝她放慢些脚步，而奥普拉是否听得进去这些意见也是后话了。奥普拉在很多场合中都讲过自己将要放弃未来的一些活动。

其中最严重的是她想放弃自己的访谈节目。但是，基于很多事实，她又不得不收回自己的言论。

奥普拉公开地表示自己对于非洲裔美国人的敬意，对于嘴上说说的工夫她是做不来的，所以她还常常会效仿安杰洛去旅行。

有一个非常典型的例子，就是在1989年的时候，奥普拉在全国黑人妇女委员会上发表了言论，她选择了像安杰洛那样用优美真诚的语言来歌颂黑人的历史，也赞美黑人在整个发展史上所进行的一些恐怖而又富有刺激性质的旅行。

在奥普拉看来，那是多么充满灵感与自由。

安杰洛的生活就更加精彩了，她还曾经在非洲生活过一段时间。而她的生活似乎更多地与奴隶制度相关。但是这两个女人都在生活中和工作中表现出对以往不堪回首的岁月的极大认同。

尽管安杰洛在大众面前相比奥普拉更多地提到过黑人的历史和生活，但是有目共睹的，奥普拉已经是黑人历史上的一个组成部分，在与记者和人们交谈的时候，奥普拉也会情不自禁地讲到对于外祖母的养育之情的感激。

其实奥普拉就像很多黑人的孩子那样，没有很多的与父母相处时间，都是由亲戚或者祖父母抚养。

奥普拉和安杰洛的关系在外人看来是那样的亲热，奥普拉有很多次都用非常盛大的方式来庆祝这位值得所有人尊敬的女性的生日，借此来表达她的敬意和朋友间的友谊。

1993年安杰洛65岁的生日宴会，据说可以与杜鲁门·卡波特的"黑人和白人的狂欢舞会"相提并论。

而杜鲁门·卡波特的那次宴会则是在20世纪70年代的一次超级大舞会，也是在自己的得意著作《冷血》出版以后，借此向凯瑟琳·格雷厄姆表达自己的敬意。

这次舞会是在纽约举办的，杜鲁门·卡波特成了这整场舞会的国王，而他的崇拜者大多是白人。虽然奥普拉对他们这次的宴会没有什么渲染和宣传，但是这两个宴会可以相提并论是很多人能作证的。

这次的生日宴会安排在美国北卡罗来纳州中北部的一个城市，名字叫作温斯顿——塞勒姆的威克森林会议中心的庭园，这个城市也是安杰洛生活和工作的地方。

来到这里的人都会不由自主地赞叹，这里有着非常棒的服务和华丽的布置，以及那些别致而又精美的食物。而生日庆典中最精彩绝伦的部分就是由克林顿总统通过卫星转播自己对安杰洛的生日祝福。

奥普拉在自己的杂志中曾经谈到了这次宴会，当然，还有一些其他的宴会。

受到邀请的人无论是否有名气，无论是否是上层社会人士，都从各个地方赶来参加，他们中大多数也都是黑人，也是属于奥普拉的生活圈子中最核心的部分。

但是实际上，奥普拉在与这些黑人们相处时，在谈及自己的遭遇和生活时也是有出入的。其中有一次是在对温斯顿——塞勒姆的白人进行宣传的时候，北卡罗来纳州的很多黑人对她提出抗议。

那次的事件是因为奥普拉在安杰洛的房子周围随便逛逛，突然间一幢非常漂亮的房子进入她的视线，她就进到这座房子里与这家人见了面，还发表了关于这栋房子的一些照片。

这家黑人却驱逐了奥普拉。尽管奥普拉很生气，可是还是没有半声怨言。

而且这也不是黑人第一次公开地抵制奥普拉，他们会联合起来反对她的电影，也会一同反对她的电视节目。

实际上，安杰洛也在她的散文集《现在不想一无所获》中讲述了她那次去奥尔良的旅行。就在这点上让她被发现和卡波特之间的一些联系。

在这篇散文集中，安杰洛用非常坦荡的胸怀和同情的心态调侃了卡波特当年的处女作的题目。

她讲到杜鲁门·卡波特的那些"倍受煎熬的童年"和一些"另外的地方和空间"，用另外的视角来分析的话就是她在向那些生活中经历过磨难的孩子致敬。

而相对来说，奥普拉与其不同的就是，她似乎更加倾向于那些黑人的孩子。

虽然纵观整本书籍都没有写到关于奥普拉的故事，但是却在言语中体现了对奥普拉的无限的爱意。这也足以见证她们之间那种超越友谊的感情。

奥普拉也对于这种形式的赞美有了回礼。在奥普拉出版的安杰洛的一本书《一首冲入云霄的歌》中，就是安杰洛的自传中的第六版，也是最后一版。

奥普拉的杂志《O》中摘录了这本书中的一部分，叫作"我来接你"，是在2002年4月的那期发表的文章。

而这本书的很多部分也都在很多地方刊物上得到发表，评论家们对这本书的好感是有目共睹的，甚至会说这是安杰洛最好的一部书刊，这就是真实的安杰洛。

希尔顿·艾尔斯研读了安杰洛的著作，并且还撰写了一篇对于《一首冲入云霄的歌》的总结性文章。

在文章中，他讲到，安杰洛可能不是像一些评论家所说的那样"具有政治头脑的一代人"。而相反的，他会感觉安杰洛是那种很喜欢将自己的思想感情展示给人们的和蔼女性。

"她是一个戏剧性的喜欢喧闹的作家……她描写并赞美了一个自我，这个自我只有在被关注时才会觉得满足。"

这种特质是娱乐圈中的人都会有的，作家巴巴拉·格里祖蒂·哈里森也会说："名人是互相需要的，他们互相成就对方的神话。他们是相互间最真实的追随者。"

4. 杰出的安杰洛

安杰洛是在1991年获得普利策诗歌创作奖的，而现在的她大多时候会写一些唯美而有哲理的诗篇，去表达她的一些灵感和自由的理想。

尽管她已经在大众的心目中很成功了，但是她还是会在意一些关于她的评论，就像桂冠诗人比利·柯林斯所说的那句，认为安杰洛写的东西是"不入流"的。

然而，安杰洛也在采访中告诉《华盛顿邮报》的评论家和记者林顿·威克斯，她认为，柯林斯不喜欢她而对她的作品进行攻击，听起来更像是一种自我保护的行为。

或许就像评价的那样吧，但是这仍旧不能阻挡人们对她的喜欢，奥普拉就在这些人之中，她深深地为与她的好朋友之间的友谊而感动。

她们的友谊在2002年5月的《O》中体现得非常明显，奥普拉将那个月的主题定为"开心事"，也撰写了一篇名为《我有生以来最开心的事情》的文章，在这里描写了她为玛雅·安杰洛举办的70岁生日庆典宴会。

而这一次奥普拉为安杰洛选择的地点，则是在墨西哥玛雅废墟遗址上，而且在那里还有一周的巡演。奥普拉的安排很花心思的，安杰洛非常高兴。

玛雅遗址正对着安杰洛，而70位老朋友的数量正对应着她的年龄，奥普拉对这次宴会的精心安排整整进行了一年，这个宴会中充满令人兴奋和联想的事物，让人感觉非常愉快。

1997年，安杰洛又出版了一套散文随笔，在这本散文集中，有一篇文章名叫《星空也如此寂寞》，用了整整4页的篇幅写了作为好朋友的奥普拉，同时也是自己的女儿的她的一些事迹。

在这篇文章中，安杰洛表现出了对奥普拉极度的欣赏，甚至称奥普拉为"诗一般的旅程"。

安杰洛写的文章都非常有趣，一开始先描写了3种旅行者的状态：一种谨小慎微，非常细致；而另一种则是很容易被困难难倒，悲观低落；最后一种人是敢做自己所想的人，很大胆，但是也很容易受到伤害。

而奥普拉就是安杰洛眼中的第三种人。在奥普拉的世界里，她受着种族的压迫，还有性别上的劣势，甚至是各种怀疑和猜忌。但是这些却都没有影响到奥普拉前进的脚步，她还是在自己的世界里负重前行。

安杰洛形容奥普拉既是列车长又是搬运工，自己要背负着这么多、这么重的包袱上路，而赞美的话已经说了很多，这次安杰洛形容奥普拉既是个小女孩又是个成熟的女人，她相信有了罪过是要受到惩罚的，但是她却有的时候在犯着过错。

奥普拉相信善举会给她带来好运，这种心态也让很多人感觉到她像是"自己的姐妹"。

在安杰洛70岁的生日庆典中有一个男人叫昆西·琼斯。奥普拉说过，这个男人在她人生中教她懂得了什么才叫作真正的爱情。

是这样一位男性让奥普拉对生活充满了信心，她还说，如果他死掉的话，真不知道自己的存在还有什么意义，她的整个后半生都会充满悲伤。

奥普拉对于琼斯怀着非常浓厚的感情，而大家都看在眼里，因为奥普拉会将琼斯和她自己的精神世界联系到一起，这就足以见证。她常常会将这个男人形容成"走在光明之中"的存在，而且还在许多年前的访谈节目中说琼斯就是她的光明。

琼斯曾经在他的自传中轻松地对读者讲到，他总会穿上运动衫是在向奥普拉宣示着她对他这种美好而又非传统的爱情，当然，也警告自己"不能乱搞"。

尽管是这样被外界都看好的恋情，琼斯也没有讲出自己对奥普拉的爱意和赞美。但是很明显的，昆西·琼斯也在用心地爱着奥普拉。

各个地方的杂志和小报上都无数次地讲到他们相遇的故事，其中也包括《O》。当然，细节各有不同，奥普拉说他们的相遇非常幸运。

在1985年，奥普拉还在主持《芝加哥早晨》这个访谈节目的时候，她和琼斯还没有遇见，《芝加哥早晨》其实是《奥普拉·温弗里》节目的前身。

奥普拉在阅读过艾丽斯·沃克的小说《紫色》后十分着迷，也知道这本小说即将改拍成电影，她梦想着自己会在电影里担任一个角色。

可是对于当时还没有大红大紫的奥普拉来说，机会很渺小。但是接下来的故事非常具有传奇色彩。

昆西·琼斯正在芝加哥作短暂的停留，而那时他的任务是为迈克尔·杰克逊完成一件诉讼案作证。那时候他也是斯蒂芬·斯皮尔伯格导演的电影《紫色》的制片人。

正在他们物色人选的时候，琼斯坐在芝加哥的宾馆中无聊地看着电视，在换台的时候看见了奥普拉的节目，那时候这个节目还没有现在这么火，也没有通过电视辛迪加在全美播送。

可是就在那以后，琼斯的脑海里就都是奥普拉的身影。他被这位富有感情而又活泼自信的黑人女性深深地吸引了。那时候他就在脑海中锁定了影片中"索菲娅"的主演，那就是奥普拉。

接下来就是拍摄过程了。奥普拉从青年时就有着做广播员的经历，经过15年的磨炼，也更加专业，就像琼斯的自传中写到的那样，她绝不是个新手。

这样看来，奥普拉早已经为以后的工作做好了准备。奥普拉在2001年10月份的那期杂志《O》中对琼斯进行了采访，而主题则是"亲密至交"。

在这次采访中，提到了当年奥普拉的那次涉足影坛的经历，而琼斯总结奥普拉的成功经验就是"机遇只垂青于那些有所准备的人"。

奥普拉时常说起这句话，也作为奥普拉的人生格言出现在很多地方，而她也实实在在地实践了这句话，即使很多评论家评价她的这个观点与她的整个人生观、宿命观有着直接的矛盾。

琼斯还说到了一个人，那就是在奥斯卡获得第一个金像奖的黑人，名字叫作西德尼·普瓦蒂耶。在2002年3月的时候，他被授予奥斯卡终身成就奖，而西德尼将奥普拉视为"一个奇迹"，说这个女人真是"身怀演戏的天赋和使命"。

奥普拉听到这个消息时，认为那是她人生中最幸福的一天，而对很多媒体她也是这样讲述的。

斯皮尔伯格来通知她，她被选为电影《紫色姐妹花》中"索菲娅"的饰演者。

电影是她最热爱的事业，而做电视节目只是因为她想要给自己一份稳定的收入。所以对于这部电影，奥普拉投入了很大的热情。

虽然拍摄过这部影片后得到了业界和观众们的好评，但也有很多人不满，甚至还激发了黑人们的愤慨。但是这并没有影响评论家们将这部影片列入那十年最好的电影之一。

第九章 璀璨明星：光芒汇聚在生命中

1. 《紫色姐妹花》

《紫色姐妹花》主要阐述了种族和男女性别关系两个主题，而在电影中，这些方面也得到了很好的表现。

其中还包括了很多那些平时隐藏在虚伪表象背后的真相，像是暴力、性侵犯以及乱伦等等问题。

但是令奥普拉没有想到的是，这部影片的播出竟然激起了很多男性的攻击和敌视，这样的外界反应是奥普拉始料未及的，还有很多地方更是对影片提出了抗议和谴责。奥普拉一开始只是不理解，但是后来转变成了愤怒。

她在大家都不理解的情况下对这部电影的主题进行了辩解，并强调了女性才是这部影片应该关注的焦点，而不是男性。

当然，这绝对不是奥普拉遭到的第一次攻击。随着后来奥普拉事业的逐步发展，她的电视节目和电影甚至是电视连续剧都遭到了很多的非议，也引发了具有争议的战争，但是坚强的奥普拉仍旧坚持着自己的宗旨，义无反顾地走了下去。

《紫色姐妹花》就这样在争议声中获得了奥斯卡金像奖的11项提名，其中的一项是奥普拉作为最佳女配角的提名，不幸的是奥普拉没有获得该奖项。

以至于直到现在，琼斯在自传中还提及了当时那种失落感，没有任何的奖项收入囊中真是带给了这个剧组极大的挫败感。而奥普拉和琼斯之间的情感，却一直随着时间的发酵，越加浓厚。

在2001年的10月份那期杂志《O》中，奥普拉对琼斯进行采访时，表露出了她的那种崇敬和调侃嘲弄的语气，从头到尾，也让人感觉到满满的爱意。

奥普拉拿琼斯的那5次婚姻来开玩笑，而这么多次婚姻生活却没有影响奥普拉和琼斯的浓浓爱意。

开始时奥普拉告诉琼斯只谈论非常重要的关于爱情的问题，但接着就又说了"只谈前十次"。

奥普拉也将自己和琼斯的生活背景相比较了一下，奥普拉在电视节目中的那种机智和快乐也展现在了观众们的眼前，她说自己和外祖母一起生活的那些日子是非常穷苦的，但是她形容琼斯和他的家庭更像是一个"夜壶"！

奥普拉的忠实观众们都知道，她在外祖母家中居住的时候，吃的菜都是自己的农场种出来的，而其他的食物大都是油炸的。

再看看琼斯，他的回忆中，自己是从小在城市里长大的。

电视节目中的奥普拉说到这些问题时，有时候会非常严肃，但有时候也会非常幽默。

有一次奥普拉的节目中邀请到了喜剧演员伯尼·麦克，当麦克说到自己小时候的家中是多么的贫困时，奥普拉在大荧幕上播放了他曾经去过的一处非常拥挤破旧的居民区的影片的剪辑。

麦克也用非常轻松的口吻说了小时候的居住环境，那种破旧的程度以至于他们家人搬了进去，而蟑螂们就不得不搬出来。

其实很多时候都能看出来奥普拉和琼斯的那种超乎一般友谊的关系，奥普拉对琼斯的尊敬也被大家看在眼里，所以这位人称"媒体女皇"的女性会选择推荐琼斯为2001年12月"肯尼迪中心荣誉娱乐节"的领奖人。

虽然《华盛顿邮报》的记者保罗·法瑞把娱乐节目比作是"疯癫无状""极尽造作之能事""自命不凡者的狂欢节",但是事实上,每年一度的狂欢节还是非常具有影响力的。

而在这样的娱乐节上还有各种各样狂欢的地方。

奥普拉常常在记者会上讲到琼斯是比任何人都慷慨善良,为支持这个观点,奥普拉还特意选琼斯作为她的"天使奖"的获得者,也加上了评价:"在鼓励年轻人和成人之间对于性关系问题上保持正常、积极和健康的态度方面取得了巨大成就。"

在一年后的《O》中,昆西·琼斯又出现在2002年9月的期刊上。这次的主题是"一场大梦",而这里的一篇文章引起了广泛关注。

原因是这篇文章是讲述2001年9月11日的灾难的,篇名叫作《治疗:震惊世界的一天》,这篇文章中一共包含了11个段落,这也是被强调的数字"11"。

而内容中也包含了11位美国的知名人士的反思。他们都来自于电视娱乐界、文学界、出版行业等等。他们也说出了那次国家灾难带给他们的很多思想上的改变和个人生活的巨大变化。

每个观点都是他们个人最想说、最想体现的观点。当然了,这些观点都是不同的,但也是非常真实的。

琼斯也是这期杂志的编导加作者之一。他的观点被列在了第三个大标题中,起到了为整篇文章合集导读的作用。

2001年10月的期杂志中,奥普拉也讲述了她和琼斯之间那些微妙的情感。

在谈到那些生活中的琐碎事情时,奥普拉曾非常愉快地说她到琼斯家做客时,甚至还用了他的毛巾,还吃到过他烤制的排骨。而这些细节都表现出了他们之间那种亲密的关系和相处时的欢乐。

奥普拉在出席克林顿总统及总统夫人在白宫款待日本天皇和皇后的晚宴时，也邀请琼斯做她的男伴。

而这件事情奥普拉却没有向外界直接说起过。记者们都很在意这件事情，大家都在猜测，奥普拉为什么没有邀请她那么多年的男朋友斯特德曼·格雷厄姆来做她的男伴。

不管这件事情奥普拉怎样解释，她的这个选择都将是非常令人难以解释的。虽然在另一次的白宫访问中，格雷厄姆陪伴她出席，但是在许多重大的场合出席活动的时候，奥普拉还是会与琼斯一同出现在人们的视线中。

这其中的缘由，也只有奥普拉才能知道了吧。

2. 黑人姑娘的金像奖

这么多年来，奥普拉见证了一件事情，那就是凡是有自己参加的事件，绝对会成为新闻争相报道的事情。

就像2002年，哈利·贝瑞凭借着自己在《死囚之舞》（Monster's Ball）中的精彩表现获得了奥斯卡金像奖的最佳女主角奖。她也是第一位获得这个奖项的黑人女性。

奥普拉出席了这个颁奖典礼，而这个众星云集的典礼上，她的名字出现在新闻的简讯里，只有很少数的名字才会出现的。

在贝瑞的得奖感言中，她罗列了很多在她的影视道路上对她有帮助的人的名字，而这其中就有奥普拉。就在典礼的前几天，奥普拉的节目中，贝瑞还作为嘉宾在节目中与奥普拉畅谈了一番。

她讲到，奥普拉其实就是她的角色还原。而奥普拉这时候正在这个"名利场"的晚会上看到这一幕。她被贝瑞的话深深地感动了。

在很多颁奖典礼后，话题会集中在那些有名气的而且又富有的人的服饰或者是发型装饰上，很少有人会谈及那些私人感情，也只有很少的人注重这些细节。

观众们的队伍是非常强大的，向贝瑞提问的记者们也会有很多人为她欢呼。

可是在新闻简讯上却独独出现了奥普拉一个人的照片，并且形容她已经泣不成声了。其实大家都知道，那天晚上奥普拉和观众们的泪水都是喜悦而又幸福的，因为这代表她已经突破了肤色的界限，这是历史性的瞬间。

在过去的很多年里，都没有黑人参加这个奖项的任何评选。现在对于奥普拉来说，这前进的一小步是非常值得庆幸的。

而后，出席这样的颁奖典礼的非洲裔美国人越来越多。奥普拉在那晚担任颁奖嘉宾更是值得纪念的一瞬间。贝瑞获得的胜利是很多黑人的骄傲。

当然，虽然奥普拉大贝瑞很多，可是两个人还是保持着非常友好的关系。

贝瑞获得的这个奖项是否给黑人妇女在生活状况上带来巨大的改变，暂时还看不出来。

那时候贝瑞获得奥斯卡奖就是在邦德电影中，这个奖项也确保了她在影坛的绝对实力和生命力。而在2003年，奥普拉向观众们宣布，她正在为一部电影而奔波着，这部电影就是由赫斯顿的一部小说《他们的眼睛在看着上帝》而改编的。

哈利·贝瑞就在这部影片中饰演女主角珍妮。

奥普拉常说她的好朋友就是常常与她一同工作的人们，可是这个说法却和一些访谈节目上的谈话不是很吻合。她是有很多朋友的，也都不可避免地身在娱乐界，他们的友谊在时间的流逝中更加珍贵起来。

奥普拉的一个朋友叫巴巴拉·沃尔特斯，是主持访谈节目的超级明星。起初在奥普拉刚刚来到芝加哥的时候，她非常希望挑战她的竞争对手——也就是那段时间非常出名的《多纳休节目》——访谈节目中的霸主，但是沃尔特斯却成了奥普拉模仿的对象。

而另外一位老朋友就是黛安·索耶。她是在一个杂志节目做新闻主播和访谈节目的，也是一位电视界的超级明星。还有相交20年的朋友玛丽亚·施赖弗。

她是一位电视新闻的女主播尤尼斯·施赖弗·肯尼迪的女儿，而她们两个相识并且相交是在巴尔的摩WJZ-TV电视台工作的时候。在1986年，奥普拉被邀请参加了玛丽亚·施赖弗和阿诺德·施瓦辛格在马萨诸塞州海恩尼斯举行的婚礼。

而那时候肯尼迪的很多家庭成员都出席了这次婚礼。

奥普拉参加这次婚礼还准备了贺礼，那就是和奥纳西斯夫人一同朗诵伊丽莎白·巴雷特·勃朗宁的一首诗《我将如何爱你》。

奥普拉在芝加哥结识了非常多的朋友，也在巴尔的摩认识许多同道中人，像是德博拉·迪梅奥，她曾是奥普拉在WJZ-TV电视台的节目制作人助理。

在奥普拉的心里，她不仅仅是朋友，更是奥普拉在电视节目上和生活中的参谋。

那时候的奥普拉想要换一个工作，然而却在决定去哪里做什么时发了愁。那时候的迪梅奥也在为自己谋求一个更高的职位，虽然实质不同，但是两个女人的目标是相似的。

她们都非常希望自己能找到一份电视上的工作，可以抛头露面，崭露头角，在提高自己知名度的同时赚到更多的钱。但是迪梅奥却比奥普拉先离开了巴尔的摩，而最终也成了芝加哥一档早间节目的制作人，这个节目就是《芝加哥早晨》。

虽然这样一份工作让迪梅奥这位年轻的制片人获得了很高的薪水，但是她们的竞争节目《多纳休节目》却要在不久的将来要打入这个时间段，成为竞争对手。更糟糕的是《芝加哥早晨》的节目主持人却想要辞职。在那段非常迷茫的日子里，迪梅奥非常失落。

重重的巧合就像是在帮助奥普拉一样，让她成为最负盛名的访谈节目主持人。

WJZ-TV电视台开始焦头烂额地寻找主持人来顶替《芝加哥早晨》节目的主持人的位置，迪梅奥认为只要经理看了奥普拉的资料和她主持的一些片段，就一定会考虑请她来，也就可以挽救这个巨大的危机，她的工作也会有保障。

因为迪梅奥在芝加哥荧屏工作的时候曾用过奥普拉在巴尔的摩的节目的录影片段，而现在，这些录影带正好可以作为介绍奥普拉的一些材料。斯万森看过后，也要求奥普拉到芝加哥来进行试音。

斯万森再见到奥普拉后，完全被奥普拉独特的风格吸引了，并且与她签署了4年的合同，当然，薪水也比从前多了很多。

奥普拉也很担心，自己在种族歧视非常严重，自身条件又不是很好的情况下，能否在这个城市有很好的发展，但是正在兴头上的斯万森直接打消了她认为市场不会响应的念头，他与迪梅奥和众多节目制作人相信，奥普拉一定会取得成功。

不久以后，奥普拉的人气飙升证明了他们的信任是正确的。多年以后，斯万森在电视节目行业越做越大，最后成了纽约WNBC-TV电视台的总裁，但是他仍旧会铭记当年最大的幸运就是遇到了奥普拉，就像是伯乐遇上了千里马。

那时的奥普拉对自己能否成功毫无自信，但是斯万森和迪梅奥都看出了奥普拉身上的那种独特的潜质——开朗、活泼、温和。

3. 冷漠和独裁

迪梅奥是一直陪伴奥普拉很多年的老朋友，她一直伴随着奥普拉从一个地方的广播主持人成长成了国家级、世界级的超级明星。

很多人都认为在奥普拉的成功里，迪梅奥扮演了非常多的角色。同样的梦想，将她们紧紧地捆在了一起，所以在很多人都质疑奥普拉的时候，迪梅奥是她最忠实的支持者。

迪梅奥很关心奥普拉的形象问题，只有她敢直接地提出奥普拉的体重超标问题。奥普拉童年经历过的那些苦难为她未来的发展奠定了基础，也起到了关键的作用。那时候的她生活十分困苦，也正遭受着性骚扰等等非人的虐待，这也使得她在很小的时候就表现出一种非常强大的包容性。

但是对于作为制片人的迪梅奥来说，她认为与观众们分享这种心情，用坦诚、缓和的语气讲出来，是可以帮助奥普拉建立信心的。

迪梅奥是奥普拉40岁生日宴会的主持人，那次宴会也办得非常成功。直到1994年，迪梅奥对于公司严格的管理模式让员工们大叫吃不消，而引发了一系列的问题。

最终的结果就是，即便奥普拉十分信任她，迪梅奥仍旧被公司辞掉了。

在外界，奥普拉声称是为了维持公司内部的和谐才会这样做的，但是在很多人看来，奥普拉这么做完全是因为她和员工都受不了这么严格的管理模式了。

在生活中，奥普拉把迪梅奥视为亲密的朋友，而且她非常肯定迪梅奥的才能，两个人也曾互送礼物，甚至包括一颗重达6克拉的钻石项链。

在后来的整整一年里，奥普拉还会邀请她参加来自世界各地的朋友们举办的宴会。但是谁也没有想到，奥普拉送给老朋友的最后一份礼物，竟然是一封辞退信。

在迪梅奥离开的时候，她得到了奥普拉送出的很大一笔安置费。而奥普拉坚持自己的观点，即使是自己很不喜欢她的那种管理模式，但这绝对不是奥普拉辞掉她的原因。

在1994年的《电视指南》中，迪梅奥被评价成"冷漠和独裁的化身"的时候，奥普拉就站出来为她辩解说，她眼中的迪梅奥并不是一位独裁者。

奥普拉对员工的慷慨大度是众所周知的，她会送给他们一些昂贵的礼物和旅行支票或者是大量的奖金。有的时候还会为员工们的某些支出付全额费用，例如结婚。

一位叫玛丽·凯·克林顿的制作人是奥普拉身边最亲密的制作人，她曾说过，她"甚至愿意为她（奥普拉）付出生命"。在玛丽·凯结婚的那年，也就是1988年，奥普拉作为伴娘出席了婚礼。

在《O》杂志在2002年12月的那期，克林顿和她的丈夫、女儿还有很多的嘉宾一起在圣诞节前夕举办了庆祝晚会。

这次的宴会是奥普拉在位于印第安纳州的一处农场中举办的，克林顿的女儿名字叫凯蒂·罗斯，她是奥普拉的教子，也是奥普拉这次宴会中邀请到的最小的嘉宾。

当然，并不是所有的员工都会得到迪梅奥或者一些奥普拉欣赏的员工的这些待遇，甚至在奥普拉这种极端的管理方式下，时常会有人感到伤心辞职，有时还会有诉讼情况。

曾有一位前制片人在媒体面前公开奥普拉的做事方式，并公开地指责她。

然而，这些坏事情并不是只能带来负面影响，更多的是使奥普拉反思到自己的过错，然后决定公司要怎样在这基础上建立一个更加团结紧密的模式。

在和几位值得信任的朋友商量过后，她决定听取一位朋友比尔·科斯比的意见。他觉得奥普拉要去掌控公司的各大财政经费，然后掌握公司的经费运转状况。

而另一位朋友芭芭拉·史翠珊建议奥普拉要与每一个人签署一份保密协议，这样会保证以后不再发生公开公司运转情况的这样的消息。

经过很多次讨论，也听取了很多人的意见，奥普拉终于将公司内部变得紧凑团结了，而史翠珊的建议也使得奥普拉的公司在运作方面被严密地控制、保护了起来。

当然，即使是来这里参加节目的嘉宾或者是奥普拉的亲人，也不能将这些消息泄露出去，无论这些消息是否重要。

　　有时候这看起来会感觉很奇怪，奥普拉会在各式各样的宴会中担任嘉宾，但是奥普拉却说，自己是个不容易交朋友的人，这似乎和她浑身散发的随和和开朗不相符，这些只有她的朋友和关系亲密的人才会了解。

　　盖尔·金是奥普拉的朋友，也是同事，她常常会强调，一次又一次地强调，没有人比她自己更爱奥普拉了。奥普拉则会评价她是"最好的朋友"和"一个非常自信的人。"

　　奥普拉总是会用"最好的""最高兴的""当然""最早的"和"最多的"之类的形容词来表达出她对生活和对待事物的态度。

　　当然，在提到安杰洛、琼斯和金的时候，奥普拉也会用这类的词语来形容她们。就像是她很多的好朋友那样，奥普拉和盖尔·金的关系是要从很久以前说起的。

　　25年前，她们两个人都在巴尔的摩工作，但与奥普拉不同，金出生在马里兰一个中产阶级家庭中，她的母亲是一位家庭主妇，而她的父亲是一位受过教育的技术人员。

　　家庭的差距没有拉开两个人之间的距离。

　　在这两个女人相遇的时候，金仍旧在马里兰的塞维·蔡斯与母亲住在一起。尽管那时候的金只是一个制片助理，但是她却没有放弃前进的脚步，也鼓励奥普拉要尽早树立自己的人生目标。

　　她们的相遇非常偶然，那是一个冬季里寒冷的夜晚，暴风雪无情地砸落在大地上，而就是那个晚上，奥普拉邀请的金正奋力前往奥普拉在巴尔的摩的公寓的路上。

　　奥普拉在《O》中讲述了一些故事，就像往常一样，她的语气中带着愉悦、轻松。那时候她的愿望就是想拥有一条干净的女裤，而那时的她和金都是能够买得起的，但是想要买到这些，必须要到距离她们所在地40英里外的城市里。

而在《O》2001年8月的那期中，以友谊为主题的专栏，也介绍了奥普拉"非常了解的人"，就在这里，她讲述了和金的亲密关系，也详细地对大家说了她与金之间的亲密无间。

4. 难以掌控的爱情悲欢

她们之间的关系其实并不仅仅朋友这么简单，两人更是商业伙伴，在一起的时候，两个人会讲一些贴心话，有的时候也会诉说自己的烦恼和隐私，不论是快乐的还是不快乐的，她们都一起分享。

奥普拉在金的生活中扮演了很重要的角色，包括她的婚姻和子女的生日，甚至是离婚的事情，她都参与。奥普拉说金是她愉快的领导，因为她见证了自己的所有成功、失败以及自己人生中的起起落落。

金在奥普拉的眼里是一位最优秀的人，她不仅仅是个理想主义者，更重要的是她还是个实践主义者，而金的沉稳也成为奥普拉个人发展的重要催化剂。

金在后来的日子里过着单身的日子，但是她却非常关心孩子们和其他的家庭。众所周知，她还是一本著名杂志的编辑。

尽管公众对她的关注越来越多，但她自己都没有搞清楚自己的身份。

奥普拉二十多岁想要自杀时，收遗书的就是金。那时候，奥普拉刚刚经历一段失败的恋情，那种极度的失落使得奥普拉很痛苦，也更不愿意与人接触，奥普拉只是将自己对与人接触的那种极度恐惧感告诉了金，还有与斯特曼·格雷厄姆之间长期的恋爱关系。

金常常会以代言人的身份出现在大家的面前，然后澄清关于斯特曼和奥普拉之间那些莫须有的谣言，并且称这些事情对奥普拉的正常生活产生了极大的影响，也希望媒体帮助奥普拉，不要再制造这样的谣言，并且散播出去了。

而那次事件就是因为一档名为《娱乐之夜》的广播节目和一档访谈节目所恶意传播的不实报道和谣言。

这档节目非常不靠谱地称：奥普拉将格雷厄姆和她的美发师捉奸在床，并开枪向其射击。这件事情如此恶俗而又没有实际存在意义。

《芝加哥太阳时报》在金澄清后停止了这个专栏的对故事情节的叙述，而奥普拉本人也在自己的访谈节目中极力地澄清这是一件子虚乌有的事情。奥普拉的这种做事风格得到了评论家们和业界的极大赞赏。

从那以后，奥普拉也就养成了在公共面前藐视各种莫须有的传言的习惯。而且奥普拉还听取了玛雅·安杰洛的忠告：流言蜚语是另一种形式的毒药。

以前，她很希望能直接面对那些制造谣言并且散播出去的人。而现在，奥普拉似乎能泰然处之，这些事情远没有看上去那么难以处理。

在人生的道路上，奥普拉一直在寻找一位理想的男子来与她共度未来的几十年，而在大家眼里，格雷厄姆似乎就是这样的一个人。他们相遇在1985年。

他们两个人之间的恋爱关系也是奥普拉时间最长的恋爱。两个人常常会在电视节目上公开表达对对方的爱意。

奥普拉也像很多姑娘那样，在高中和大学期间，有过几个男朋友。在高中快要毕业的那段时间，奥普拉的男朋友叫安东尼·欧迪，两个人的恋爱关系应该说是"柏拉图式的"。

直到现在，奥普拉都还留有那时候的暗语和一些情书，情书上甚至写满了海誓山盟的话。而这些，就成了奥普拉高中最美好的回忆。

这段恋爱关系持续的时间也不算长，到奥普拉进入田纳西州立大学以后，她又遇到了一位名叫威廉·泰勒的小伙子，17岁的奥普拉再一次坠入爱河。

即使那时候的奥普拉还非常年轻，她却还是非常希望能和泰勒结婚。而那时候的泰勒似乎不太领奥普拉的情，他并不想与奥普拉步入婚姻的殿堂。

奥普拉一直认为当初的自己做了非常正确的选择，她当时还对泰勒说："你会后悔的！"

在巴尔的摩工作生活的那段时间里，奥普拉再一次地拥有了一段美好的爱情。紧随其后的，却是无休止的灾难和痛苦。

那时候的奥普拉和一位叫劳埃德·克莱墨的记者擦出了爱的火花，而且这段恋情也让她感到了无比的满足。但是随着克莱墨离开这座城市，这两个人的爱情就夭折了。

奥普拉被这段爱恋折磨得生不如死，甚至有过轻生的念头。在克莱墨离开以后，奥普拉与一个已经结婚的男子又走过了4年的岁月，但是这段岁月明显过得很艰辛。

那种想要轻生的想法完全与克莱默离开时的心伤不能相提并

论。奥普拉已经经历过非常多的苦难生活，她也自信一定可以从阴影里走出来。

可是，正因为那些不堪回首的过去，让她感觉自己好像天生是男人的附属物。而在这些事情都结束以后，奥普拉就暗暗地下了决心，自己绝对不要再受其他人的支配，无论自己有多么的孤独。

这些经历也影响到了工作，包括奥普拉对节目的主题和杂志的挑选。

在奥普拉的人生中辗转了很多地方，令奥普拉最舒心的一次是从巴尔的摩来到芝加哥。虽然这个城市有色人种这件事情上的较真是出了名的，但是奥普拉还是有一种回到家了的感觉。

那时候的奥普拉其实可以选择更多大城市去生存，她在纽约和芝加哥之间选择了芝加哥，当时的奥普拉只是看中芝加哥人的礼貌。而且她也相信，因为自己的名气可以保证自己不会受到普通黑人那么多的歧视，所以奥普拉就勇敢地说出了自己的种族，所以也就成了二等公民。

刚到芝加哥的那段日子奥普拉非常孤独，没有爱情、没有友情。每当假期和夜晚，就只能独自在街上闲逛。

就在孤独的心灵将要冰封起来的时候，斯特曼·格雷厄姆出现了。在奥普拉的世界里，他就是一个完美的爱人：英俊潇洒、高挑聪明。

但是那时候的奥普拉还没有完全打开心扉，她仍旧非常缺乏安全感，所以一开始她并不愿意和格雷厄姆约会，而且她还认为自己配不上他。

然而，从另外的角度看，那时候的奥普拉也是在事业发展的瓶颈处，这让两个人之间充满了不确定感，而且就算玛丽·凯·克林顿和很多的朋友看来，奥普拉和格雷厄姆的未来拥有着很大的隐患。

在朋友的眼里，由格雷厄姆来管理奥普拉的钱财也是存在很多隐患的。

奥普拉也是很多年后才发现这样一个事实，那就是在观众的眼里，自己一直都是个迷人、聪明、充满激情的漂亮的女人。

而奥普拉在确定人们不是因为自己的身份地位而对自己非常真诚的时候，她是发自内心的幸福。

第十章　永不停下的脚步

1. 遇见优雅恋人

相处久了，彼此多了了解后奥普拉接受了格雷厄姆的约会请求。但是直到接受这次约会，奥普拉仍旧没有打破心中的警戒和防线。格雷厄姆给奥普拉留下的最深刻的印象就是：温和优雅。

这样的一位男子，谁都会想要成他的另一半。而格雷厄姆却偏偏选中了奥普拉。因为奥普拉具备吸引人的魅力。

第一次约会，格雷厄姆为她买了玫瑰花，也在留意她说的每一句话，就这样自然而然地他们恋爱了。在奥普拉过去的爱情中，似乎婚姻是必经的一道坎，但是和格雷厄姆在一起，奥普拉似乎并没有感受到婚姻的任何制约。

两个人会常对外人讲起他们之间的趣事，也会赞赏双方的宽容和理解以及对自己无私的帮助。

尽管不喜欢高尔夫，可是为了与心爱的人一同分享快乐，奥普拉还是会尝试这项运动。但是到最后奥普拉认为，自己最爱的活动，只是购物。

这对令人羡慕的情侣还经常出现在某些慈善活动中，为困苦的人贡献出自己的一份力量。

最初，两个人都有各自的生活，后来格雷厄姆就从原来的卡罗莱纳州的高点区域搬到了与奥普拉在芝加哥的同一公寓里。

久而久之，结婚这个话题就又成了大家的噱头。记者们感觉这两个人好像很快就会结婚似的。在安杰洛65岁生日的时候，这位贴心朋友也说奥普拉将与格雷厄姆步入婚姻的殿堂。

接着无数的报道铺天盖地而来，都是关于奥普拉的婚期将至的消息。但是在以后的十年里，也没有听见奥普拉和格雷厄姆有什么好消息传出来。

格雷厄姆和他前妻的孩子已经长大成人了，但是似乎格雷厄姆还是想要更多的孩子。而他和奥普拉一直没有孩子，据猜测，可能是因为格雷厄姆在顾忌奥普拉的形象问题。

奥普拉毕竟是公众人物，如果结婚有孩子都会给工作和各个方面带来不便。而且奥普拉似乎并不想当母亲，她对母亲这个词语感受不到任何温暖。在对外说自己不愿意结婚的理由的时候，她仍旧将"格雷厄姆希望找一个传统型妻子"这个理由拿来搪塞。

其实因为职业的原因，奥普拉根本做不到如此。许多小报上也刊登了不少相关新闻，并对此进行了不小的猜测。

例如有的小报上讲，奥普拉正在考虑结婚或者是做什么试管婴儿、代孕妈妈之类的，但是，这些都是没有任何根据的。

奥普拉的确多次提到自己对做母亲没有兴趣。2004年3月在《黄金时段》中，奥普拉与主持人黛安·索亚进行的长达一个小时的访谈节目中，她也在反复地申明这一点。

后来奥普拉对此解释是自己有太多的事情需要去做，根本没有时间去照看孩子，这些也都只是搪塞而已。

因为奥普拉很多次地提出关于要退出娱乐圈的消息，很多次都会有人猜测：奥普拉即将退出，而她与格雷厄姆也即将会有孩子，或者会是领养一个孩子。

但是这些都没有"奥普拉要尝试试管婴儿"这个标题令人震惊。

即使以前申明了很多次，也做了宣言和预测，但是这都止不住观众们和记者们的热情，总会有很多传言说奥普拉即将结婚。

其实没有人比奥普拉更想去控制这次婚姻，但是这毕竟牵涉到很多的问题，不能为所欲为。

格雷厄姆做事的风格和奥普拉有很多不同。他总是会避免引人注目的事情发生，他也有着自己的事业，当然不会被奥普拉的名声和金钱所打动。

换句话说，他爱的就是奥普拉这个人，不论奥普拉是金牌节目主持人还是什么普通女性。而现在的他正在和困难进行对抗，就像他在书中说到的那样。

当然，了解他们的人都会知道，奥普拉和格雷厄姆真的有很多差异。格雷厄姆是个性格很温和的男人，而且不喝酒也绝不涉及毒品，而奥普拉则在25年前服用过海洛因。

在奥普拉的自传中，最早的版本中也会有很多关于性的描写，而正因为他的劝阻，奥普拉才会放弃。当然，这是谣言，奥普拉也亲口否定了这一点。

多年来，大家都知道，格雷厄姆的观点都被奥普拉奉为真理。

就像格雷厄姆所说的，即使奥普拉已经成为公众人物，而且她也很善于在讲话的时候讲究技巧，而就如很多朋友和同事所讲的，奥普拉现在仍旧会常提及往事。

在1998年奥普拉所举办的所谓的精神性读书之夏。她的智慧，得到普遍的认同。而早在她34岁的那年，一位电视节目制作人就提到了这个问题，而且这位制作人还满怀情感地讲述了奥普拉对她的生活产生的影响。

其实斯特曼·格雷厄姆也会有相似的看法，无论奥普拉的性格是怎样的，她总是会以各种各样的方式讲到一些内心的观念和信仰。

在很多节目中，奥普拉也会强调自己是一个虔诚的信徒，听从上帝的召唤。

因为幼年时候的奥普拉与外祖母待在一起，受了很多基督教的教育，但是她还是会告诉观众，她信奉的并不是传统意义上的基督教，因为她感觉大多数教堂命名的意义都太狭隘了。

她还认为，只要做到心中信奉，就不用在意形式，就算在吃饭或睡觉，心中要有信念在，就会得到超脱。

在奥普拉的节目和杂志中，常常会有她的鼓励性的话语，她总是会提到信仰的神奇和祷告圣歌时的欢乐。在"9·11"事件发生不久，她就在观众最需要安慰的时候说到了信仰的力量。

有的时候需要聆听那些安慰的圣灵般的话语才会得到真正的洒脱。而在奥普拉的杂志中，关于信仰的板块也是不少的。

《O》中，在2002年以基督教为主题的期刊中，有很多文章都很深入地讨论了关于对信仰的追求。

其中的一篇名为《寻找精神家园》的文章是贝弗莉·诺费奥写的一篇关于生物学的报道，这篇文章的题目让奥普拉看着很合心意，而且一些看法也是非常吻合的："当你正在寻找上帝时，其实你已经找到了他。"

在这段时间，奥普拉在很多的杂志和基督教的专题栏上讲述了自己关于精神性、心灵的需求、慈善和仁慈等等东西。而在很多文章中，她又着重强调了关于心灵美的含义。并且说明这就是她一直在向往和追求的一种精神状态。就像很多与她有着相同的任务的人那样。作为阳光向上的公众人物，她本身就代表着希望和梦想。

没有任何的顾忌和疑惑，她鼓励着阅读到这篇文章、看到她的节目和将她的精神传递下去的人们，要用实际的行动去证明、表现自己。

奥普拉认为，个人的满足感和仁慈是不可分割的，而奥普拉作为一位拥有财富的女人，仁慈也是象征着她财富方面成功的一项指标。

但是格雷厄姆却没有将这种含义赋予那么多的精神内涵，他就是单纯的人，认为有钱人就是将自己的事业做得成功，是个单纯的资本家。

奥普拉和格雷厄姆在商业上都有成就，他们也都希望能多做些善事来帮助需要的人。但是格雷厄姆与奥普拉不同的是，他不会去强调和公开自己的那些思想。

他解释说这些都是自己的私事，也都可以不用公开地解决。

奥普拉和格雷厄姆早期的生活都不算幸福，但是他们却各有不同。奥普拉的母亲是单身妈妈，没有结过婚，奥普拉也还有其他的弟弟妹妹。

格雷厄姆的父母是法定婚姻，而且也有6个子女，格雷厄姆是第三个孩子，也是第二个儿子。出生在新泽西州的怀特斯鲍罗的他有两个弟弟都患有心理疾病。

格雷厄姆居住在由国会议员乔治·怀特建立的全黑人社区，但是他却天生的比别的黑人要白一些。到了中年，他有了一定的地位和财富。

而在他看来，怀特斯鲍罗已经大不如前了，他为这样的事情感到非常担心，他也帮助建立了一个名叫"关注怀特斯鲍罗人"的团体。而建立这个团队的主要目的，就是重建这个美丽的小镇，让它重新生机勃勃起来。

格雷厄姆是家中唯一完成大学学业的孩子。尽管哈丁西梦斯大学是一所以篮球和体育见长的高等学府，但是很多穷人家的有天分的孩子也都在这里找到了比家人赚更多钱的社会学学位。

在大学期间，格雷厄姆是篮球队的队长，而且是队伍里面的头牌得分选手，但是这样的时间并没有持续很久。

后来他作为美军的一员驻守在德国三年半，在服役的过程中，他继续在军队里打球，虽然他的梦想是作职业的篮球运动员，但是却因为种种原因走上了从商道路，成了运动员反兴奋剂组织的主管。

就在那三年半的服役期间，他取得了硕士学位，这个学位在他后来的事业上起了很大的作用。一开始他是在联邦的校正部门担任卫兵，后来又来到芝加哥的美国城市校正中心成为这里的中心教育主管。

格雷厄姆的两本书《你可以让它发生：成功的九个步骤》和《建立自己的生活方式》中，他总会重申自己当前的职务，是一位为小型公司提供管理、市场策划和咨询服务的机构的主席和CEO。

同时，他也是一家体育与娱乐公司的主席和CEO，还有几个慈善机构和非营利组织的成员。身兼数职的他还是一所大学的客座教授。

在很早以前，他就曾为那些残障人士工作，帮助他们慢慢融入社会。在遇到奥普拉的时候，两个人的生活经历和社会角色完全不同，但是他们却在彼此的生活中扮演了重要的角色，就像他让奥普拉相信了爱情的存在，他也一直相信，奥普拉的大度和宽容会感染自己，让他成长为一个更加成熟的人。

奥普拉也让他了解了更多的人生价值。或许是因为两人的童年生活都不幸福，所以这两个人在一起会有相同的想法，比如帮助那些有缺陷的孩子改变生活现状。

其实，在最开始，他们两个人的关系并不和谐，奥普拉成长为世界级的明星，而格雷厄姆却对自己的现状感到很不满意，有些不安和烦恼。

在他的书中，他曾说过，一开始两个人的地位是平等的，但是随着奥普拉的成长，自己的地位降了很多。

因为成了奥普拉的男朋友，他也失去了很多东西。在他向奥普拉解释这样尴尬情况的时候，奥普拉却表现得很冷漠。

奥普拉希望他能认真地分析这种缺乏安全感的原因，而当他反思过后，他终于意识到一点，那就是他必须要改变，就像生活不能完全地按照自己的理想走下去一样，两个人在一起也不能绝对地要求男性的地位必须要比女性高。

他告诉读者们，正是因为奥普拉走在了他的前面，所以自己才会有时间来自我检查和反省。

2. 生活的方向标

奥普拉慢慢地接受了作家玛丽安·威廉森的那句话：儿时的苦难可以帮助我们保护心灵免受更大的伤害。

奥普拉也发现正是因为相对来说自己比格雷厄姆走得更快，所以他才会说自己在前进的路上忘记了自我分析。

他将自己的第一本书献给了奥普拉和他的父亲，事实上，他的父亲早在这本书出版一年前就去世了。这本书的后半部分讲述了格雷厄姆的父亲生平的一些事迹，也对父亲对这个家庭的付出和勇气表现出了无比的感激之情。

正是因为有这样一位父亲，才会有这样诚实坚强的儿子。

格雷厄姆对奥普拉的一句话感触很深，那就是："当一个人死去后，他的美德会留在我们的身旁。"

他也对自己的父亲许下了作为儿子的誓言：不仅会照顾自己的家庭，也会沿着自己的梦想不断前进。他也在自己的演讲和书中不断讲述着这一点，而对于他的人生哲学来说，这一点至关重要。

这个观点的体现也是无处不在的。作为运动员出身的格雷厄姆希望哪天可以体验一把海上冲浪，而奥普拉则在一旁静静欣赏。

可是他那天却没有办法停留在冲浪板上。到最后，奥普拉向上帝祈祷，让他站上去吧，这样自己就可以早点回家了。就在这件小事上，足以体现了奥普拉的幽默和格雷厄姆的坚强意志。

最近格雷厄姆的书是为奥普拉一个人所写的，名字叫《建立自己的生活"品牌"》，本来这本书的致谢辞中，有些内容是伤感的，但是在正式印刷的时候却已经被删除了。

这本书中写的都是些公开的个人想法，却得到了社会公众的不同反应。

在《你可以让它发生》这本书中，格雷厄姆对奥普拉表现出了绝对的信赖，他说，是通过奥普拉他才知道真正的生活是自由的。是奥普拉填满了自己内心深处的无限空虚。

他对奥普拉只有真心地说一句："让我们的旅程继续下去吧！"而在《建立自己的生活"品牌"》这本书的致谢辞中，就显得格外的大胆，他说奥普拉就是他生活中的方向标。而且奥普拉之所以有现在的成就，是因为她的宽广胸怀，这点也在无形中感染了他。

仔细品读格雷厄姆的书，贯穿主线的就是消费。他写的东西都与消费相关。例如，一个人的身份就像是商标一样，可以将自己和其他人区分开来，这就像是一件商品只有一个商标，我们是与他人不同的，要将自己的优点展现出来"让人买走"。

将自己的商标做好的人就是成功者。不必多说，奥普拉就是这些人的代表。

在书中，他还提到了奥普拉的一些朋友，像玛雅·安杰洛和昆西·琼斯，也提到了他自己的好朋友迈克尔·乔丹，而他对运动员反兴奋剂这件事情非常感兴趣，也非常支持。

那个时候，他距离自己的目标品牌还不是很明朗。在谈到他与奥普拉第一次约会的场景时，他却认为自己的品牌被媒体给操控了，而且还抱怨自己的真正价值被忽略了。

读者们很难判断出他在书中的那些特点到底是他真实的个性还是自己的义务，但是这好像没什么重要了，因为他完全将这两件事情联系在一起了。

他会不断地列举出自己的成就，也会时常鼓励读者们参加他的研讨会。而且在总结自己的很多活动时，他还很有趣地将那归结为"成功循环圈"。

就因为他不断地介绍自己的活动和成就，所以会让读者们感觉那些书是自传性质的，而不是教育性的。

奥普拉在参加活动的时候从来不会说自己属于哪个政党，也不会说自己会支持谁，更不参与政治。在参加民主党和共和党的总统竞选活动的时候，她的轻松也是从内而外的。

而这点格雷厄姆就不怎么一样了，在1996年的总统竞选活动中，格雷厄姆就前往共和党的资金募集处去帮助竞选人史蒂文·福布斯募集资金，那次竞选活动，他并没有与奥普拉一同参加。

格雷厄姆的书籍在预定的演讲人公司中排行第三，而在巴恩斯与诺贝尔连锁图书公司中却排名第十五。演讲人的公司中有很多关于他的演讲和研讨会上的版本，主要的内容都是如何取得成功的。他的书上有很多是自传和鼓舞性文字的结合体。而这些步骤和鼓舞性的信息主要是由九个信息组成的。似乎在各种各样的主题中，鼓舞性的总是会很受欢迎。

在他的介绍中有一点至关重要，那就是：告诫他人不要成为自我发展史中的牺牲品。这个观点也是他从自身经历总结出来的，当然，这也是格雷厄姆自己的人生哲学。

格雷厄姆在不同的时期会被外界描述成不同形象的人物。在《华盛顿邮报》中，他被称为"命令型人物"和"英俊的家伙"。

他的两本书《你可以让它发生：成功的九个步骤》和《你可以使每一天都变得很快乐》本身也非常具有吸引力，但是大多数的人更感兴趣的是他和奥普拉之间的事情。

就像梅根·罗森费尔德，《华盛顿邮报》的记者描述的那样，很多长期稳定的伴侣都会像《俊男靓女》中描述的那样，就像内森·底特律与阿德莱德小姐和小说中的大卫·科波菲尔与艾格尼丝。

3. 谣言在风中四起

无论怎样，格雷厄姆和奥普拉之间都要有一场婚礼的。《国家探索者报》是这样讲述这件事情的。

作家吉姆·纳尔逊在2002年5月14日发表了一篇只有两页的文章，题目叫"奥普拉的奇怪婚礼"。

这样看来这次婚礼是很快就要举办的了，而且他还声称自己得到了内幕消息，而对于这件事情的巨大转变，根据解释，是"9·11"以后，奥普拉对生命的认识提高了一个层次。

《国家探索者报》在2002年2月的那一期中，发表了一篇从奥普拉的密友那里得到消息的文章，但是也是据说。主题是有关奥普拉的老话题——体重。

而且还有照片附在上面。因为意识到了照片和这些东西的重要性，所以纳尔逊将奥普拉结婚的这篇文章写得非常感人，并且写了她将要开始减肥和结婚的消息。

文章中事无巨细，还说奥普拉已经决定告诉格雷厄姆，两个人也会在一个小岛上举办一场浪漫温馨的小型婚礼。而在婚礼结束后，两个人会进行为期10天的蜜月旅行。

回到芝加哥以后，还会在哈普公司举办婚宴，这篇文章中的结局是奥普拉和格雷厄姆对未来的计划，比如说是孩子。总之，整篇文章也充满了童话般的色彩。

在纳尔逊的文章广为大众所知的一周后，另一份名为《环球》

的报刊上也登载出了奥普拉的另外一件事情。这篇文章是由史蒂文·赫兹写的。题目叫作"奥普拉的秘密'失踪'计划"。而他也说自己的文章内容来自于内幕消息。

大家对奥普拉的生活越来越感兴趣。奥普拉的生活开始变得神秘起来，而记者们称这种现象的出现是奥普拉想要改变目前的生活的最好凭证，她或许是真的想与格雷厄姆结婚。

记者们的期盼或许都是这样，而且还声称，奥普拉为了实现与格雷厄姆结婚并生活在毛伊岛上的愿望，她与她的培训师、合伙人以及好朋友的鲍勃·格林购买了毛伊岛的产权。

买这座岛的产权，是因为奥普拉曾在这里度了一次假，从那以后，她就爱上了这里。她总是想在这里建造大量亚洲风格的别墅式建筑，而且还考虑到了这里关于小别墅和会议中心等等娱乐性质的场所。

谁也不能判断这些消息的真实性，也可能这都是对奥普拉的无数谣言的一个组成部分。当然，它的真实性只能由时间来证明了。

在这些事情传出来的同时，有关奥普拉的谣言还是会不断增加。而那些夸张的、无厘头的报道则成为一些小报增加发行量的工具。

在很多年前，一个小报上预测说奥普拉和格雷厄姆的关系将在一周以后结束。而这件事情也在芭芭拉·格林兹·哈里森的一篇文章中得到了澄清。

即便这么多的谣言被澄清，还是会有人相信谣言。其实大家都知道，那些小报根本没有什么所谓的内幕。只要看了格雷厄姆的书我们就会发现，他们两个人的关系是非常稳固的，两个人也是彼此相爱着。

他也说，随着自己的发展，自己已经接受了奥普拉的职业和名望。

格林兹·哈里森曾经写过一篇文章，将奥普拉对格雷厄姆的感觉描写得很真实。虽然是几年前撰写的，但是却有很多中肯的内容，那就是"当她与格雷厄姆待在一起时，她的口才变得非常好，她感觉非常好"。

而那些小报上总是会编写完新的故事后把这篇文章中的内容拿去点缀一下。

《环球》在2002年9月19日的封面上写着"最终！……奥普拉走向了祭坛。"而且还有记者从奥普拉的密友那里得到了最新的消息，那就是格雷厄姆准备实施自己的第二个十年计划。

这点在很多媒体上都有报道。就像很多肥皂剧的欢喜大结局那样，两个人从计划到结婚以及承诺和婚礼都有了准备。

各种传言风起云涌，但却没有任何奥普拉或者格雷厄姆的朋友出面承认有婚礼的存在，以及关于这些事情的任何消息。

只有一些像"格雷厄姆希望签署永久性协议"和"盖尔·金将是奥普拉的伴娘"这样的新闻。与往常一样，小报上的东西总是不知的人相信的，所以奥普拉准备向观众们宣布自己的决定。

这么多年了，还是会有很多人对奥普拉的婚姻生活保持着绝对的兴趣。奥普拉则将这些东西看成是笑料。

在1997年参加温迪·格雷厄姆的毕业典礼后，奥普拉在韦尔兹利大学做了一次演讲，而这就成了记者们津津乐道的话题，将奥普拉与温迪的父亲硬拼到一起说他是奥普拉的"情郎"和"未婚夫"。

即使是这样，奥普拉也在提醒观众们不要再谈论结婚时间的问题了，这件事情没有什么可值得再说的了。

就像大家预测到的那样，这件事情仍旧得不到根本上的解决。在2003年4月25日，奥普拉自己的节目上，奥普拉用属于自己的轻松、幽默的语气讲述了自己的故事，也说起了大家对她的婚姻的关注话题。

她以玩笑的方式为自己辟了谣，也嘲讽了自己的这些引起关注的问题。

当然，就算是这样，有关奥普拉结婚的谣言仍旧排山倒海一浪接一浪地向观众袭来。但是奥普拉却不在表什么态度了，再有消息出来，她就像是看笑话一样看着这些消息。

而在有人对奥普拉的婚姻提出什么问题时，奥普拉就会微笑着说："如果我想结婚，我早就结了。"

在奥普拉的有生之年，没有什么事情将她打倒。而我们依然相信，她还会将自己的生活谱写出更加光辉的故事。

附

录

奥普拉生平

奥普拉·温弗里作为一名黑人，更为当今世界上最具影响力的妇女之一，她的成就是多方面的：通过控股哈普娱乐集团的股份，掌握了超过10亿美元的个人财富；主持的电视谈话节目"奥普拉脱口秀"，平均每周吸引3300万名观众，并连续16年排在同类节目的首位；奥普拉在1996年推出的一个电视读书会节目在美国掀起了一股读书热潮；她利用业余时间在大导演斯皮尔伯格的电影《紫色》中客串了一个角色，还荣获了当年奥斯卡最佳女配角的提名。美国伊利诺斯大学更开设了一门课程专门研究奥普拉。纵观奥普拉的人生，的确是非同凡响。

1954年1月29日，奥普拉出生在密西西比（Mississippi）的小镇科修斯科（Kosciusko），有着不幸的童年。幸运的是，奥普拉14岁之后，她与父亲一起生活，在父亲严格的教育下，奥普拉原本黯淡无光的生活，终于开始泛出色彩。17岁时，她摇身一变成为"那斯威尔防火小姐"，同年又夺得了"田纳西州黑人小姐"的桂冠。昔日的街头野孩子进入了州立大学学习大众传媒，并成为当地电视台第一个非洲裔美国记者。从此后，她的人生高启。三十出头，奥普拉就凭以自己名字命名的《奥普拉·温弗里秀》，成为无可争议的"脱口秀女皇"。

在电视界熬了10余年，奥普拉又十分幸运地遇上了新的机遇。1984年，《芝加哥早晨》的老板让她接手这个糟糕的节目，仅仅在奥普拉加入的一个月后，奇迹就发生了。这节目收视率扶摇直上，一年后改名为现在大家所熟知的《奥普拉·温弗里秀》，并打造出了品牌。电视史上最高收视率的脱口秀节目就此诞生！随后，她又自开制作公司，把节目收归旗下，兼任老板和主持人。她用行动，谱写了一个又一个辉煌与传奇。

奥普拉年表

1954年1月29日生于美国密西西比州的科斯休斯克。19岁加入那斯威尔市的WVOL广播电台开始她的广播生涯。考入田纳西州立大学学习演讲和行为艺术。

1971年被命名为"那斯威尔防火小姐"。

1972年被命名为"田纳西黑人小姐"。大学二年级转学大众传媒，并成为那斯威尔WTVF电视台第一个非洲裔美国人记者。

1977年移居马里兰州巴尔的摩，成为《6点钟新闻》记者。主持巴尔的摩WJZ电视台当地脱口秀节目———《谈论的人们》。

1984年移居芝加哥主持WLS电视台的早间脱口秀节目———《芝加哥的早晨》。一个月之后，成为脱口秀节目No．1。不到一年的时候，节目延长到1小时，并更名为《奥普拉·温弗里秀》。

1985年在电影《黑人小学生》中扮演索非亚。奥普拉获得金球奖和学院奖最佳配角提名。

1986年《奥普拉·温弗里秀》加入企业联合会，连续14个季节占据脱口秀节目的霸主地位。

1987年主持第14届年度日间艾美奖。

1988年哈普娱乐集团成立。

1990年主持第17届年度日间艾美奖。

1991年发起《国家儿童保护法案》。呼吁建立针对儿童的犯罪嫌疑人的国家数据库。

1992年主持艾森斯奖。制片并主持电视专题片《银屏背后的奥普拉》。

1993年克林顿总统签署"奥普拉提案"写入国家法律条文，建立针对儿童的犯罪嫌疑人的国家数据库。

1994年承诺脱口秀节目重新转向社会进步和有意义的话题。

1995年奥普拉40岁生日在华盛顿特区参加海军马拉松，以4小时29分15秒跑完全程。

1996年获乔治·福斯特·皮格基个人成就奖和国际广播电视协会金质奖章奖。

1997年被《新闻周刊》评为图书和媒体领域最重要的人物。

1998年被《时代》杂志评为20世纪最有影响的100位人物之一。获国家电视艺术和科学终身成就奖。宣布将开办奥克斯根传媒公司———面向妇女的有线电视和互动网络。

1999年成为"温弗瑞教授"，任职西北大学。

2000年9月奥普拉天使网络开播"施与生命的恩典"节目，每星期一向人们宣传：以自己的生活改进他人的生活。

2002年奥普拉与金世界公司续签了2003至2004年合同，继续生产和主持她的《奥普拉·温弗里秀》。